马甲线
高效训练手册

美猫◎编著

人 民 邮 电 出 版 社
北 京

图书在版编目（CIP）数据

马甲线高效训练手册 / 美猫编著. -- 北京 : 人民邮电出版社, 2021.6
ISBN 978-7-115-54769-9

Ⅰ. ①马… Ⅱ. ①美… Ⅲ. ①女性-健身运动-手册
Ⅳ. ①G883-62

中国版本图书馆CIP数据核字(2020)第165399号

免责声明

本书内容旨在为大众提供有用的信息。所有材料（包括文本、图形和图像）仅供参考，不能用于对特定疾病或症状的医疗诊断、建议或治疗。所有读者在针对任何一般性或特定的健康问题开始某项锻炼之前，均应向专业的医疗保健机构或医生进行咨询。作者和出版商都已尽可能确保本书技术上的准确性以及合理性，且并不特别推崇任何治疗方法、方案、建议或本书中的其他信息，并特别声明，不会承担由于使用本出版物中的材料而遭受的任何损伤所直接或间接产生的与个人或团体相关的一切责任、损失或风险。

内 容 提 要

拥有纤细、平坦、紧致、性感的腰腹是每个女性梦寐以求的，而腰腹挂满赘肉不但会让女性失去美丽，而且有可能严重威胁健康状态。本书由美联瑜伽RYT200认证导师、FTN体形管理专家美猫倾心创作，提供了一套完整且系统的瘦腰腹、修炼马甲线的解决方案——从找到腰粗的原因、体态的调整，到腰腹的雕刻以及腰椎的保养，涵盖了马甲线塑造的方方面面。此外，本书还结合办公室的应用场景，让读者在日常办公时也能高效瘦腰腹，练出马甲线。

本书适合忙碌的职场女性、产后妈妈以及所有爱美的女性阅读。

◆ 编　　著　美　猫
责任编辑　裴　倩
责任印制　周昇亮

◆ 人民邮电出版社出版发行　　北京市丰台区成寿寺路 11 号
邮编　100164　　电子邮件　315@ptpress.com.cn
网址　https://www.ptpress.com.cn
天津市豪迈印务有限公司印刷

◆ 开本：700×1000　1/16
印张：6.75　　2021 年 6 月第 1 版
字数：117 千字　　2021 年 6 月天津第 1 次印刷

定价：49.80 元

读者服务热线：(010)81055296　印装质量热线：(010)81055316
反盗版热线：(010)81055315
广告经营许可证：京东市监广登字 20170147 号

前 言

迷人马甲线，是送给自己最好的礼物

腰腹，是我们身体力量的源泉，更是女生年龄的“分水岭”。纤细、平坦、紧致、性感的腰腹代表着我们依然年轻，充满活力。而肚腩、腰间赘肉，则预示着不再年轻，以及消极的生活态度。

作为女性，挂满赘肉的腰腹不但让我们失去美丽，而且还可能严重地威胁着我们的身体健康。

所以，从此刻开始行动起来吧！消灭腰腹的赘肉，塑造属于自己的少女腰。

这个世界的设计师，已经为我们准备好了比基尼、低腰裤、露脐装，我们只需要为这个世界准备好迷人性感的腰腹就可以了。

不要限制对自己身体的想象力，你本来就可以更美。曾经胖胖的我，从未想到过原来瘦下来可以成为现在的自己。更重要的是，拥有好的身材能增加你的勇气和自信。

我把瘦身过程中遇到的问题和经验记录下来，反复实践，结合实际，总结出高效的腰腹瘦身方法，希望给更多想要拥有迷人马甲线的女孩子一些简单高效的运动建议。

这本书共有6章，从找到腰粗的原因，体态的调整，到腰腹的雕刻，以及腰椎的保养，涵盖了马甲线塑造的方方面面。本书结合实际的应用场景，让你即使在办公室也能高效瘦腰。

相信我，当你完成你的瘦腰之路时，你会感谢一次次训练中的尝试，感谢自己克服酸痛后的坚持不懈。看到自己一次次的蜕变，你会爱上这种积极的力量——向上的力量。

希望拥有本书的你，跟我一起爱上运动，拥有性感迷人的马甲线。

在线视频访问说明

本书提供书中练习动作的演示视频，您可以通过微信中“扫一扫”的功能，扫描书中的二维码进行观看。

步骤1： 点击微信聊天界面右上角的“+”，弹出功能菜单（如图1所示）。

步骤2： 点击弹出的功能菜单中的“扫一扫”进入功能界面，扫描书中的二维码。

步骤3： 如果您未关注“人邮体育”微信公众号，在第一次扫描后会出现“人邮体育”的二维码（如图2所示）。关注“人邮体育”微信公众号之后，点击“资源详情”（如图3所示）即可观看视频。

如果您已经关注了“人邮体育”微信公众号，扫描后可以直接观看视频。

图 1　　图 2　　图 3

目录

第1章 基础认知
找出腰粗的原因，站在正确瘦腰的道路上

1.1 识别腰粗的3种表现形式，找出腰粗的根本原因 8
1.2 改掉导致腰粗的习惯，站在快速瘦腰的起跑线上 10
1.3 **行动清单：**写下你的粗腰类型和导致粗腰的习惯 12

第2章 瘦腰体态
开启瘦腰模式，让你随时都能瘦

2.1 识别体态问题，扫除瘦腰路上的障碍 14
2.2 体态矫正，为瘦腰蓄能 17
2.3 掌握科学的呼吸方式，轻松开启“小蛮腰”模式 30
2.4 **行动清单：**练习呼吸和体态矫正 33

第3章 雕刻腰腹
练出迷人马甲线，开启炫“腹”模式

3.1 识别你独有的马甲线，爱上有线条感的自己 36
3.2 2招稳定腹部深层肌肉，打下坚实的基础 44
3.3 简单4招，精致雕刻上腹部 47
3.4 简单5招，精致雕刻下腹部，平坦小腹“炫”出来 52
3.5 简单5招，雕刻侧腰，纤细腰身秀出来 58
3.6 简单5招，抚平腹部，让马甲线更清晰 64

3.7 7日腹部减脂运动计划指南 70
3.8 行动清单：记录你的雕刻计划进展 72

第4章 腹腹瑜伽
养成良好习惯，让平坦腹部更持久

4.1 养成这2个好习惯，肠胃更轻松 74
4.2 经典瑜伽体式，助你维持平坦小腹 76
4.3 行动清单：记录你的腰腹瑜伽练习清单 81

第5章 极简瘦腰
办公人士轻松练出性感腰腹

5.1 找到合适的“工具”，随时都能锻炼 84
5.2 5个动作，练出玲珑身段 89
5.3 走路瘦腰，练出小腰围 94
5.4 行动清单：写下你的办公室瘦腰计划 96

第6章 保养腰椎
腰好，你也好

6.1 找出造成腰肌劳损的元凶，好习惯助你拥有好腰 98
6.2 4招叫停“腰肌劳损”，练出活力腰 101
6.3 3个腰椎保养诀窍，轻松预防腰肌劳损 105
6.4 行动清单：写下保养腰椎计划 105

作者简介 106

第1章

基础认知

找出腰粗的原因，站在正确瘦腰的道路上

每个人腰粗的表现形式是不一样的，有的人是上腹部凸出，有的人是下腹部凸出，有的人是腰两侧赘肉凸出，也有人具有2种以上的上述表现形式。

本章会帮助你找到腰粗的原因，提供相应的改进建议。同时，本章也会让你对如何打造纤细腰身有一个大概的了解，理解其内在逻辑，从而顺利开启你的瘦腰之路。

1.1 识别腰粗的3种表现形式，找出腰粗的根本原因

腰腹是最容易堆积赘肉的地方，不同的饮食和行为习惯导致了不同表现形式的腰粗。接下来，我们来识别一下3种不同表现形式的腰粗，看看你属于哪一种，并找出腰粗的根本原因。

• 上腹部凸出

上腹部堆积的赘肉较多，说明你平时可能进食过多、进食速度过快、饮食的时间不规律，或有长期久坐的习惯。不良的饮食和行为习惯，会导致肠胃负担过重，出现消化不良的情况。

饮食建议

调节饮食结构。多吃新鲜的蔬菜和水果，补充优质的蛋白质，减少高脂肪食物、甜点及加工肉制品的摄入。饮食口味不要太重。

运动建议

进行有氧运动，如快走、跳绳、慢跑等。通过规律的有氧运动，提升体力，再进行局部肌肉的训练。

• 下腹部凸出

下腹部堆积的赘肉较多，可能是因为高脂肪的食物吃得太多。体内脂肪的增加会使肠胃的蠕动变慢，食物堆积在肠道中，造成便秘等情况。若运动也较少，身体血液循环较差，长此以往，必将出现下腹部凸出。

饮食建议

均衡膳食，规律饮食，保证每天都摄入蔬菜和适量水果。足量的膳食纤维能帮助促进肠胃蠕动。

运动建议

进行强度稍大的有氧运动，如动感单车、爬楼梯等运动，这样可以增强身体

代谢，再结合一些下腹部的相关训练，可以有效消除肚腩。

• 腰两侧赘肉凸出

职场人士和产后妈妈经常会出现腰两侧赘肉较多的情况。由于长期久坐或者保持不良姿势，腹内外斜肌太“薄弱”，加上没有管控饮食，腰两侧的脂肪开始堆积。

饮食建议

在瘦腰期间，最好合理规划饮食，包括规划好每天的食物摄入量。每餐不要吃太多，七八分饱即可。可以在饭前喝水，或者吃一些热量低、饱腹感强的蔬菜。

运动建议

进行体态调整，再配合有氧运动，提高身体的新陈代谢，另外再做一些腹部训练，这样能有效地消除腰两侧的脂肪。

1.2 改掉导致腰粗的习惯，站在快速瘦腰的起跑线上

习惯的力量是强大的，我们不可能24小时都进行训练，而习惯却是陪伴终生的。所以在开始瘦腰前，改掉导致腰粗的习惯，你就已经成功一大半了。

• 几种常见的导致腰粗的习惯

不良的坐姿和站姿

如果你日常生活中的坐姿和站姿不良，瘦腰成功将会变得遥遥无期。

不规律的饮食

人有生物钟，同样的，我们肠胃也有生物钟。长期不规律、有一顿没一顿、饱一顿饿一顿的饮食方式，都会给肠胃造成负担，并带来伤害，引起便秘和血液循环不畅等情况，不利于瘦腰。

不爱喝水，喜欢喝奶茶

保证充足的水分摄入非常重要，因为脂肪的代谢需要水分的参与。成年人每天应摄入的水分大概在1500~1700毫升，也就是用我们日常饮用的杯子喝7~8杯水。不要等到渴了再去饮水，因为口渴表示你的身体已经极度缺水了。

同时，不要用奶茶或者其他饮料代替水。因为这类饮料可能含有大量的糖或者反式脂肪酸，长期摄入它们就会使人肥胖，对人体的伤害极大。

不良的饮食习惯

进食速度过快是导致你暴饮暴食的元凶。因为如果进食的速度超过了我们大脑给胃发出信号的速度，你就会不知不觉吃多，从而造成脂肪的堆积。

其次，常吃味道过重的食物，也容易导致暴饮暴食。因为为了满足味蕾的需求，我们会不断地进食，最终食物摄入过量，导致脂肪的堆积。

• 修炼纤腰的3个关键点

通过以上分析，我们对瘦腰的内在逻辑有了一个大概的认知。瘦腰不仅是对腰腹部进行训练，还需要对体态、饮食、行为模式进行科学合理的安排和训练。只

有这样，我们才能拥有令人羡慕的腰腹。

所以，瘦腰有以下3个关键点。

第一个关键点：体态矫正。

长期维持不良的生活习惯会造成身体肌力的不平衡发展，给相应的关节造成负担，导致肥胖和一系列的健康问题，所以一定要重视自己的日常行为习惯，同时进行科学的矫正，保持良好的体态，为瘦腰打下坚实的基础。

第二个关键点：饮食管控。

肠道是人体重要的排毒器官，人体约有70%的毒素是通过肠道排出去的。合理膳食、掌握饮食的基本要点以减少肠胃的负担，有利于我们排出身体的毒素，提高身体的代谢能力和免疫力。让我们做个无“毒”美人，打响瘦腰这场“保卫战”。

第三个关键点：精准“雕刻”。

运动是必不可少的环节。运动可以提高我们的代谢能力，帮助我们减掉腹部赘肉，同时，科学的腹部精准训练能够雕刻腹部肌肉，让我们的腰腹看上去更加具有线条感。

把握住这3个关键点，马上踏上马甲线养成的旅途吧！

行动清单：写下你的粗腰类型和导致粗腰的习惯

粗腰类型	
上腹部凸出	□
下腹部凸出	□
腰两侧赘肉凸出	□
粗腰习惯	
不良的坐姿和站姿	□
不良的饮食习惯	□
不规律的饮食	□
不爱喝水，喜欢喝奶茶	□

第2章

瘦腰体态

开启瘦腰模式，让你随时都能瘦

好的体态是“挂”不住肉的，好的体态更是瘦腰的根基。本章将讲解如何自检自己的体态和呼吸问题，并对其进行针对性的矫正，帮助你拥有良好体态，为瘦腰积蓄能量，让你随时都处于瘦腰模式。

2.1 识别体态问题，扫除瘦腰路上的障碍

长期使用不良的姿势站立和久坐会造成身体特定部位的肌肉组织发展不均衡，影响身体的形态，久而久之，动作模式和本体感受逐渐固化，产生各种问题。人体是一条联动的动力链，一个环节出现问题就容易使另一个环节出问题。

对瘦腰来说，体态矫正是非常重要的。而出现腰粗等体态问题的原因，主要是上交叉综合征和下交叉综合征。

• 自检体态问题

上交叉综合征

站在一面镜子前，身体放松，采用以下任意一种方式即可检查自己是否有上交叉综合征。

自检方式1

正面观察：双肩的连线是否是一个圆弧形。

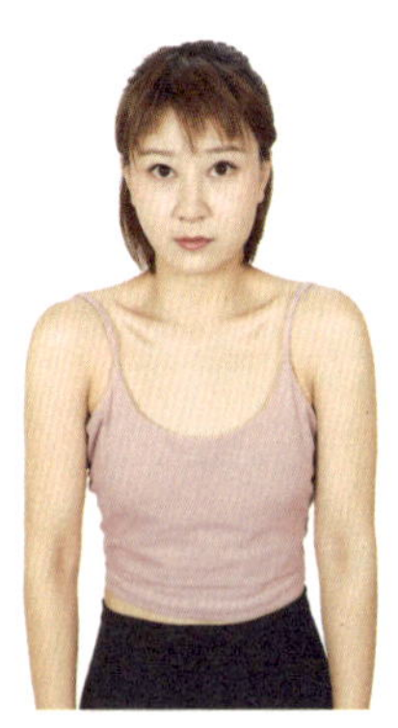

圆弧形

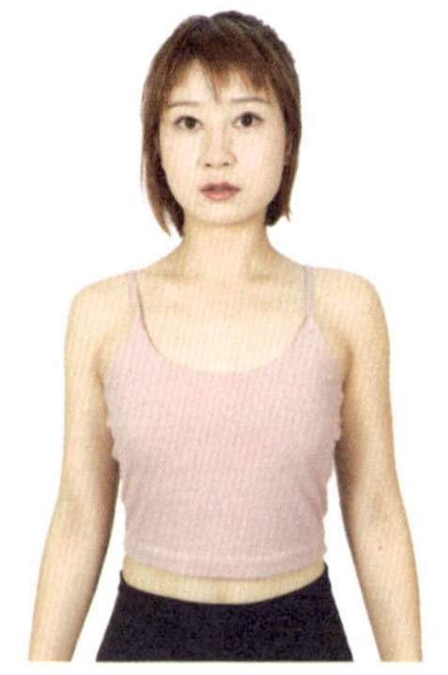

正常

如果从正面观察，双肩的连线是一个圆弧形，那么你很有可能有上交叉综合征。

自检方式2

侧面观察：耳垂、肩膀和腰是否在一条直线上。

如果从侧面观察，你的耳垂、肩膀和腰不在一条直线上，那么你很有可能有上交叉综合征。

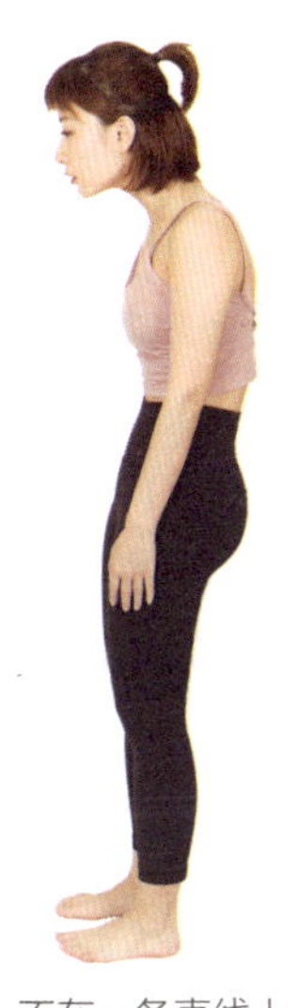

不在一条直线上

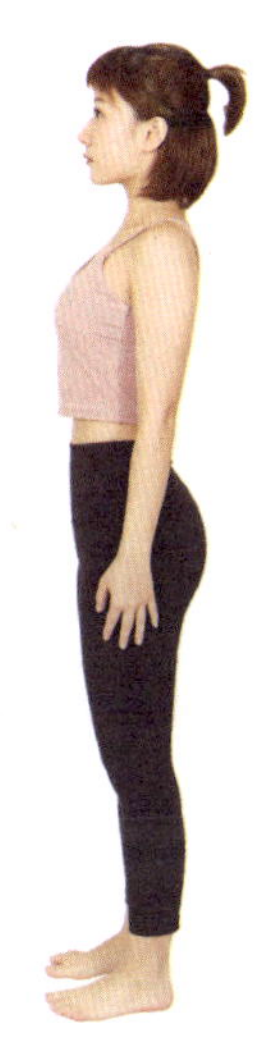

正常

如果长期处于这样的姿势状态，就会出现圆肩、驼背、胸下垂、小腹凸出，从而产生腰粗问题。

下交叉综合征

自检方式：三角平面测试。将双手放在小腹处，双手的大拇指和食指贴在一起，观察掌根位置是否高于手指。

不正常1

正常1

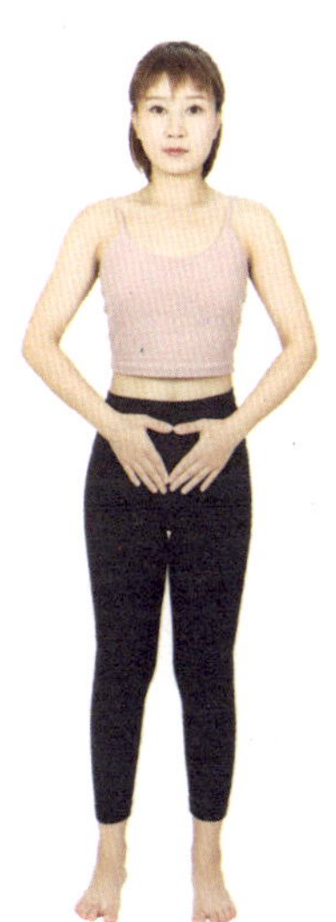

正常2

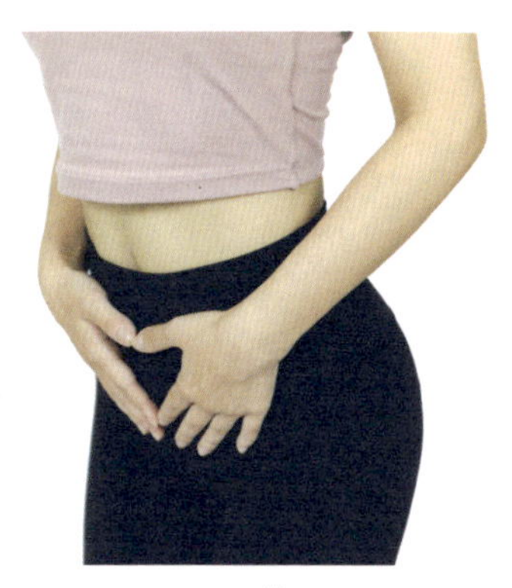

不正常2

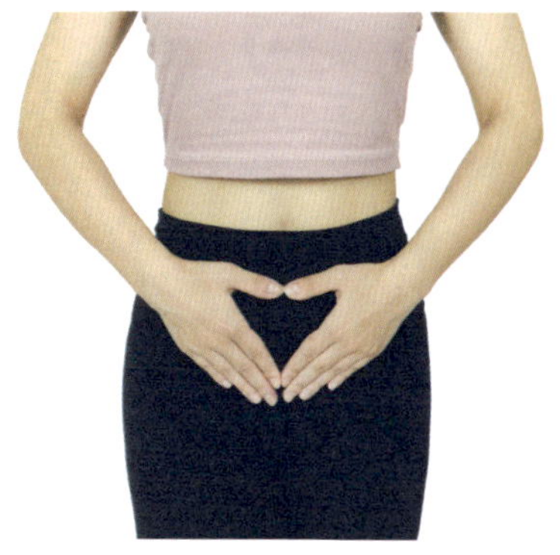

正常3

如果掌根明显高出手指，那么你很有可能有下交叉综合征。如果长期处于该姿势状态下，就会小腹凸出，臀部下垂。

现在你就可以自检导致你腰粗的体态问题了。

2.2 体态矫正，为瘦腰蓄能

体态有问题，必然会导致相关肌肉的发展不平衡。这时，我们需要通过科学的方式，修复出问题的肌肉，帮助身体重新找到平衡。

接下来，我们将学习体态矫正方案。

• 上交叉综合征解决方案

上交叉综合征造成胸背部位肌肉发展的不平衡。

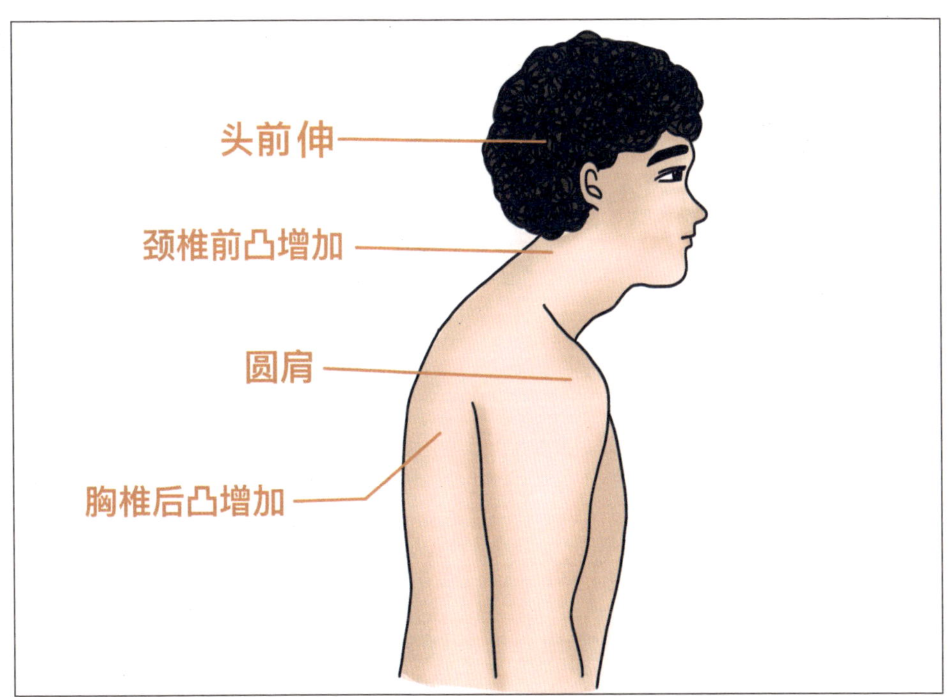

过紧的肌肉： 胸大肌、胸小肌、背阔肌、肩胛提肌、斜方肌上束、胸锁乳突肌、斜角肌。

过弱的肌肉： 菱形肌、斜方肌中下束、前锯肌、深层颈屈肌、使肩外旋的肩袖肌群。

对过紧和过弱的肌肉有了了解，解决方案就比较清晰了。想要解决上交叉综合征，需要让过紧的肌肉得到放松，过弱的肌肉得到加强。

第一步：放松过紧肌肉

动作 1 按摩相应紧张肌肉

组数	每组时间	间歇时间
2组	30秒	15秒

1 双脚分开至与肩同宽，将按摩球或者泡沫滚轴放在相应紧张肌肉（背阔肌、胸大肌、斜方肌上束）的部位。

2 在相应肌肉部位来回滚压按摩球，依次进行按摩。

3 动作应缓慢，力度适中，感受按摩球的滚动及不同部位受滚压的舒缓和放松。呼吸要均匀，呼吸节奏与滚动节奏要一致。

错误示范　用力过度

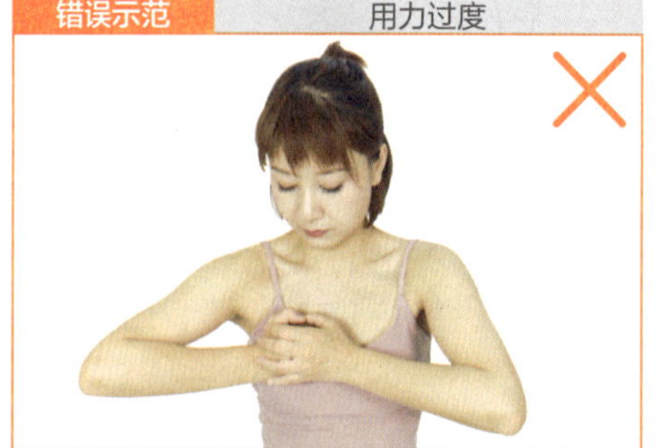

正确示范

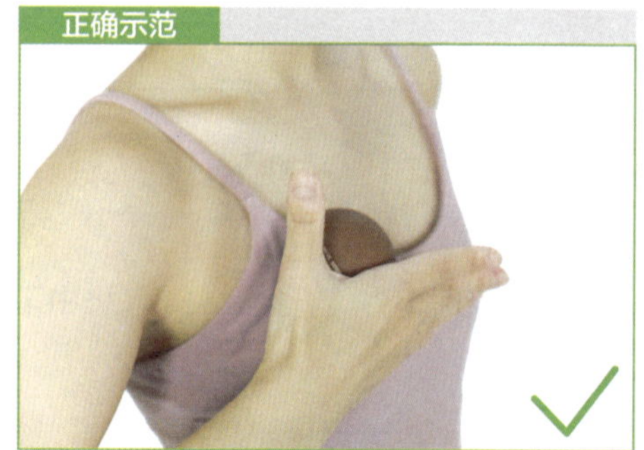

动作 2 胸肌拉伸

组数	每组时间	间歇时间
3组	20秒	5秒

1 左腿向前迈出一步，呈弓箭步站立，左手小臂贴于墙面。

2 缓慢向前移动身体，拉伸胸部肌肉，保持10秒。

3 练习另一侧，左右两侧各进行一次训练为一组，完成规定的组数。

第二步：加强过弱肌肉

动作 1 YW练习

组数	每组次数	间歇时间
3组	10次	5秒

这个动作可以锻炼斜方肌的中下束、菱形肌、前锯肌和使肩外旋的肩袖肌群。

1 双脚分开至与肩同宽，膝关节微屈，双肩放松。

2 双手向上举，使上半身与手臂形成Y形，稍作停顿。

3 肩胛骨内收，双肘向下，使上半身与手臂形成W形，稍作停顿。

4 重复YW动作，10个YW动作为一组。

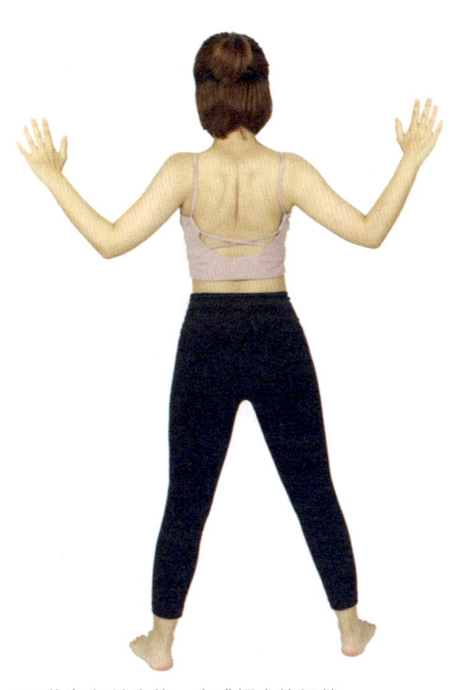

5 恢复起始姿势，完成规定的组数。

错误示范　手臂发力，耸肩

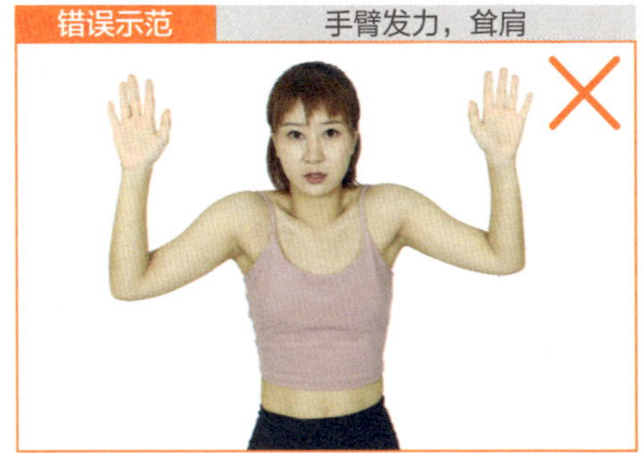

正确示范

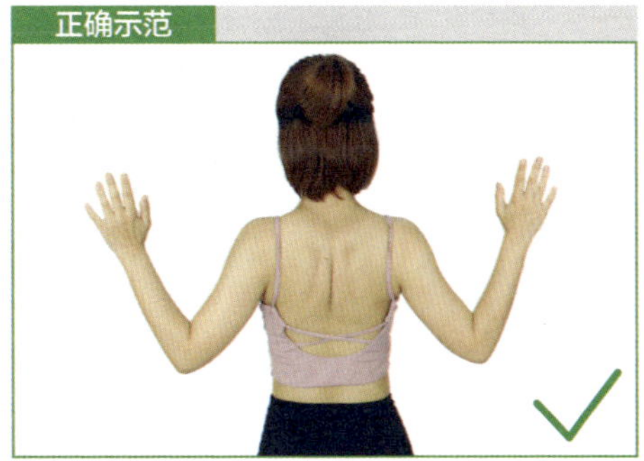

动作 2 阻力练习

这个动作可以加强深层颈屈肌。

组数	每组时间	间歇时间
3组	10秒	5秒

1 盘腿坐在瑜伽垫上，腰背挺直，微收下颌，头部固定不动。

2 双手握住弹力带的两端，将弹力带环绕在后脑勺处。

3 手臂向前发力，与头部进行一个适应性的对抗即可，保持10秒。

4 恢复起始姿势，完成规定的组数。

错误示范　用力过大，头低下

动作3 肩外旋和肩外展

这个动作可以加强背部肌肉的力量。

组数	每组次数	间歇时间
3组	10次	5秒

1 双脚分开至与肩同宽，核心收紧。

2 屈肘90度，小臂指向前方。

3 双手握住弹力带两端，大臂贴近肋骨。肩胛骨收缩，小臂向两侧打开。然后小臂向内，恢复起始姿势，完成规定的次数。

错误示范　利用手臂力量完成，大臂远离躯干

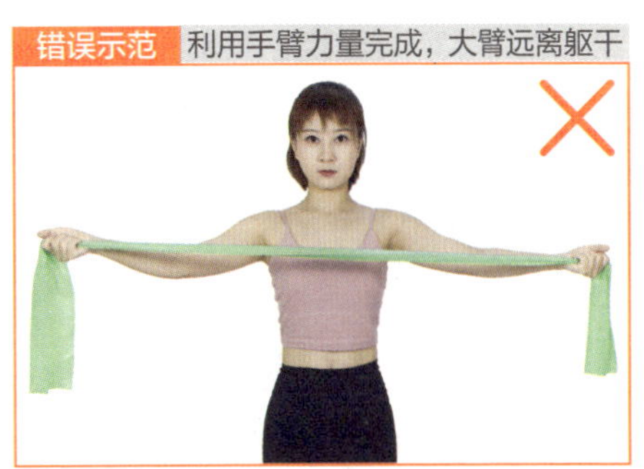

动作 4 猫式练习

这个动作可以增加脊柱的灵活性。

组数	每组次数	间歇时间
3组	10次	5秒

1 双膝跪地，双手五指分开平放在瑜伽垫上，双膝分开至与髋部同宽，双手分开至与肩同宽，脚尖、脚背、小腿最大限度贴地、膝盖贴地，大腿与地面垂直，手臂与地面垂直。

2 呼气时，拱背含胸，眼睛看向肚脐，背部尽量向上拱起。

3 吸气时，抬头，挺胸，臀部上翘，腹部下沉收紧，注意让脊柱上的椎体一节一节地伸展。重复该动作，10次为1组。恢复起始姿势，完成规定的组数。

错误示范 呼吸顺序错

• 下交叉综合征解决方案

下交叉综合征会造成骨盆周围肌肉发展的不平衡。

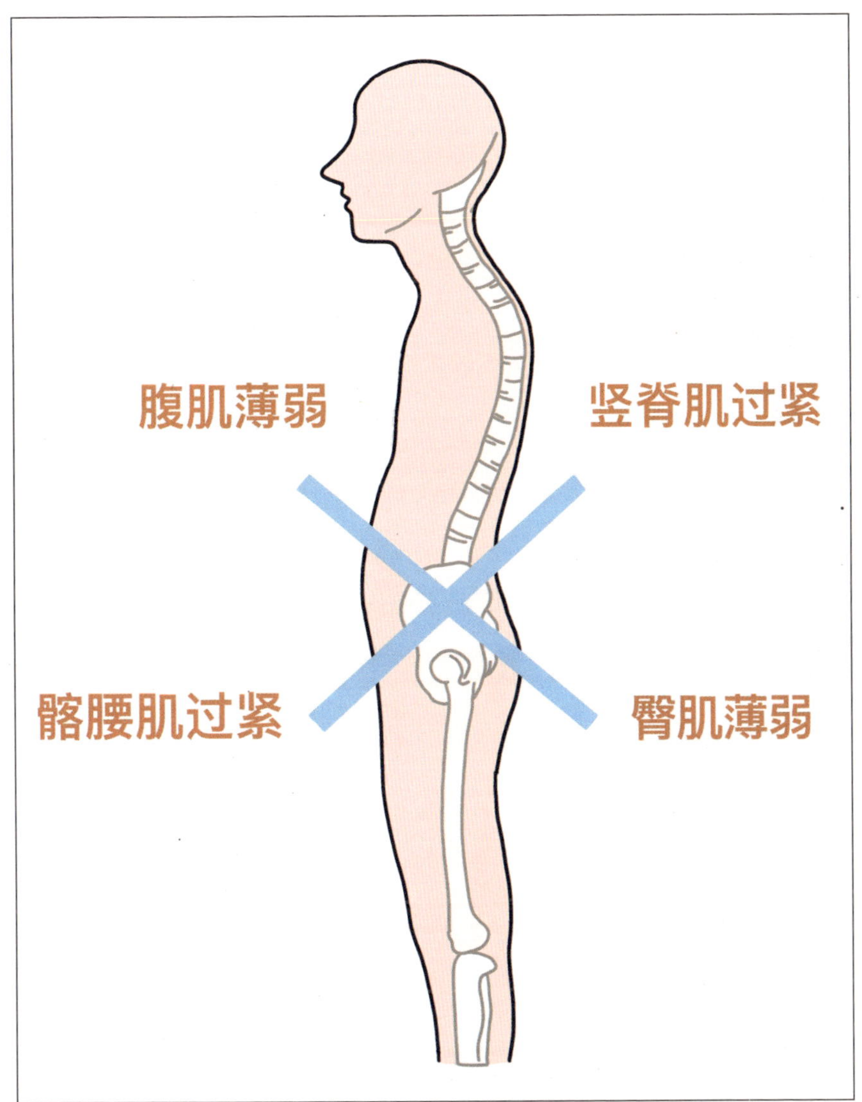

过紧的肌肉：髂腰肌、股直肌、竖脊肌、阔筋膜张肌。

过弱的肌肉：腹肌、臀肌。

想要解决下交叉综合征，需要让过紧的肌肉得到放松，过弱的肌肉得到加强。

第一步：放松过紧的肌肉

动作 1 竖脊肌拉伸

组数	每组时间	间歇时间
3组	10秒	5秒

1 坐在椅子（或者类似椅子的物体）上，双脚分开，略宽于肩，脚尖触地。

2 上半身慢慢向下，使上半身紧贴大腿，双手自然下沉，放置于双腿后方，且双手打开略宽于双腿间距。感受竖脊肌被拉伸，保持10秒。

3 起身时，慢慢抬头，保持头与脊柱在一条直线上。恢复起始姿势，完成规定的组数。

错误示范 抬头速度过快

动作 2 骑马式

这个动作可以很好地拉伸髂腰肌。

组数	每组时间	间歇时间
3组	20秒	5秒

1 右腿向前迈一大步，膝盖和脚尖朝向一致，背部挺直。

2 左腿弯曲，膝盖着地；右腿的大腿与小腿约呈90度。

3 重心降低，在能力范围内将动作做到最大幅度即可，保持10秒。恢复起始姿势，练习另一侧，两侧各进行一次训练为一组，完成规定的组数。

错误示范 身体前屈，前腿膝盖超过脚尖且内扣

第二步：加强过弱的肌肉

动作3 平板支撑

这个动作可以加强腹部肌肉的力量。

组数	每组时间	间歇时间
4组	30秒	20秒

1 面向瑜伽垫，双肘和双脚支撑身体，上臂和大腿垂直于地面。

2 核心收紧，膝盖离开地面，头部、肩部、臀部和脚约呈一条直线。保持均匀呼吸，维持30秒。恢复起始姿势，完成规定的组数。

注：该动作视频从第2步开始。

错误示范 塌腰

错误示范 臀部抬起过高

动作4 臀桥

这个动作可以加强臀部肌肉。

组数	每组次数	间歇时间
3组	15次	5秒

1 屈膝平躺在瑜伽垫上，双手放在身体两侧，指尖朝向脚尖的方向。

2 臀部用力向上顶起，肩胛骨离地，从肩部到膝盖处都在一条直线上。维持3秒。恢复起始姿势，完成规定的次数。

错误示范　耸肩

错误示范　臀部顶起过高

2.3 掌握科学的呼吸方式，轻松开启“小蛮腰”模式

想拥有小蛮腰，除了矫正体态，我们还需要掌握科学的呼吸方式。科学的呼吸方式能让瘦腰事半功倍，错误的呼吸方式会成为瘦腰路上的拦路虎。

• 错误的呼吸方式

特点：呼吸时耸肩，呼吸急促。

我们接下来看看有助于养成正确呼吸方式的练习。

• 横向呼吸法（10次）

横向呼吸法又名肋间呼吸法，它能有效帮助我们的核心向内收缩，是普拉提练习中较为常用的一种呼吸方法。经常使用该方法进行呼吸，能帮助我们收紧腹部，让腹部更为紧致。

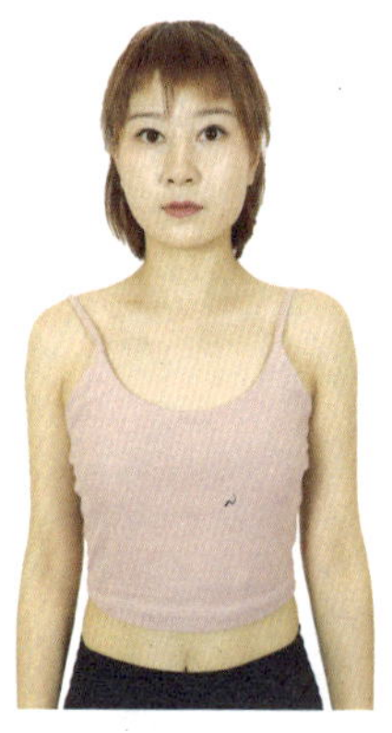

1 双肩放松，自然站立。

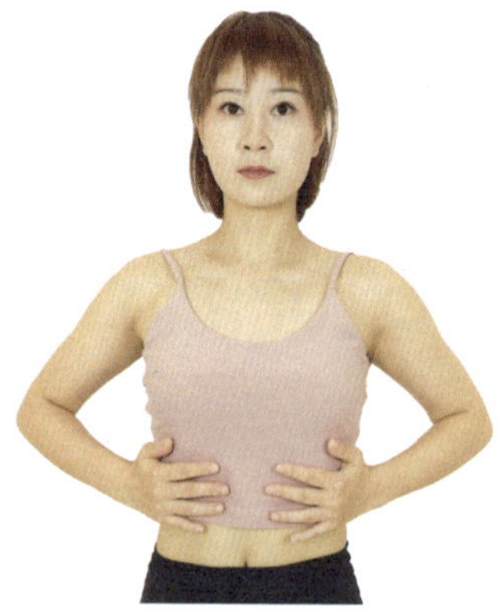

2 双手放在肋骨上，吸气时，胸腔扩张，肋骨向两侧打开。

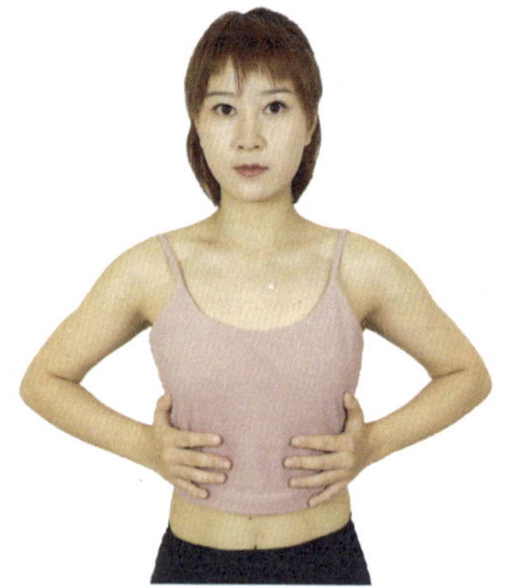

3 呼气时，胸腔自然收缩。

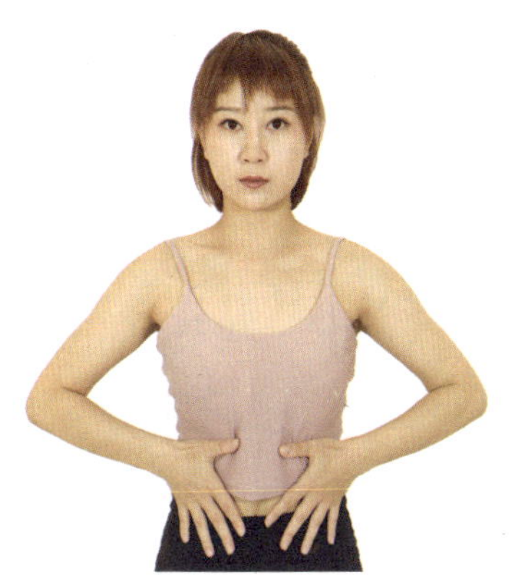

4 呼气的时间是吸气时间的2~3倍，瘦腰的效果会更明显。

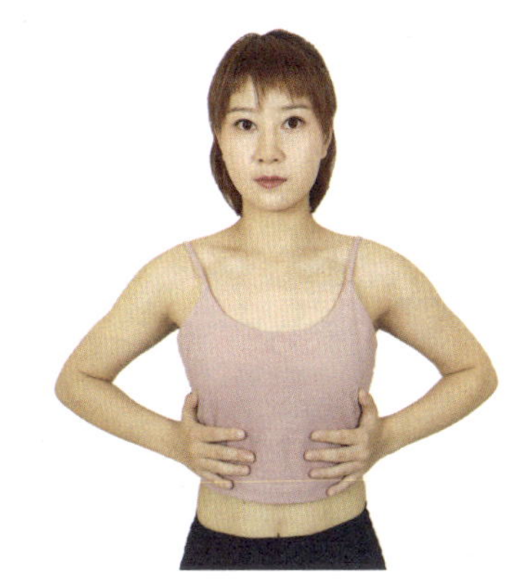

5 完成规定的次数。

错误示范1　呼吸时，耸肩

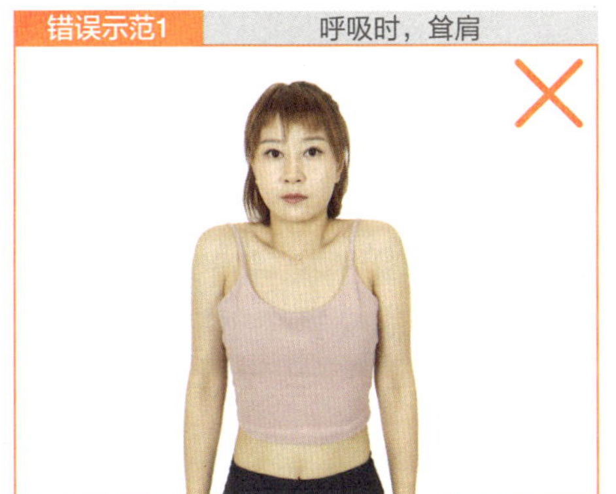

错误示范2　呼吸时，耸肩

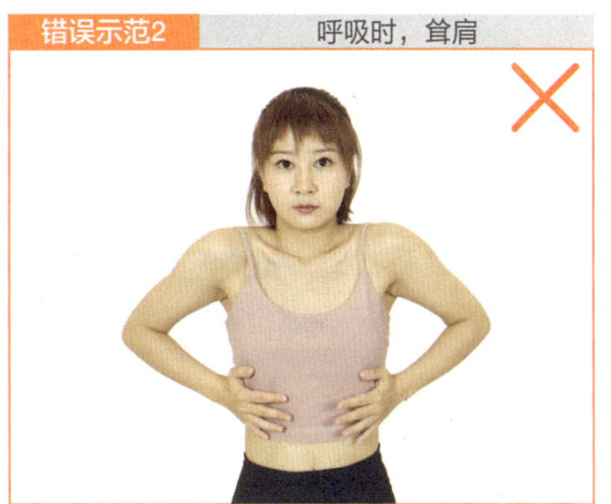

• 腹式呼吸法（10次）

腹式呼吸法也叫横膈膜呼吸法，它利用膈肌，也就是横膈膜的收缩，使我们的胸腔产生负压来进行呼吸。

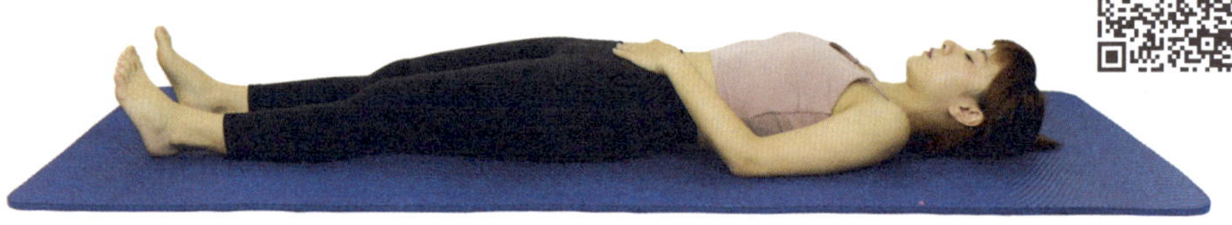

1 平躺在瑜伽垫上，一只手放在腹部，另一只手放在身侧。

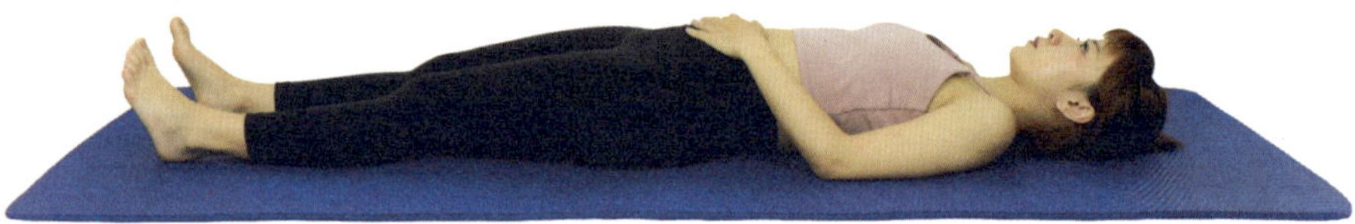

2 吸气时，胸腔扩张，气体来到腹部，腹部鼓起。

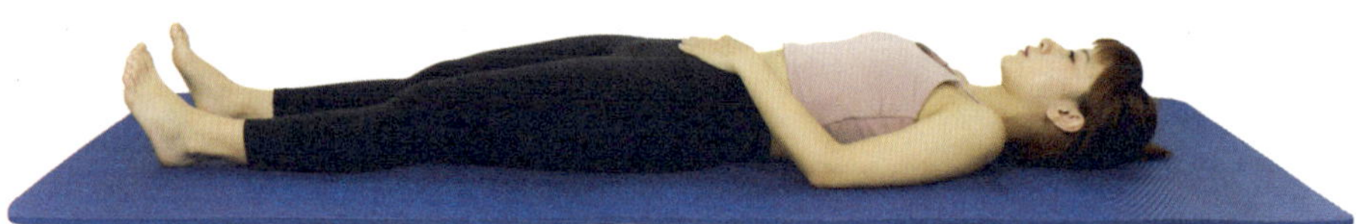

3 呼气时，腹部缓慢下陷。整个过程，你会感受到腹部一上一下均匀运动。完成规定的次数。

错误示范　呼吸急促，腹部形状没有变化

以上两种呼吸方式都有助于瘦腰，选择最适合你的一种即可。

行动清单：练习呼吸和体态矫正

体态矫正	是否完成	
呼吸练习	横向呼吸法 腹式呼吸法	□ □
练习完的感受	练习没有什么难度，感觉自己真的瘦了 有一点累，但是感觉自己没有变化 虽然完成了练习，但是好像最近腰又粗了	□ □ □
负能量食物	火锅 奶茶 巧克力 蛋糕	□ □ □ □
	其他	

第3章

雕刻腰腹

练出迷人马甲线，开启炫“腹”模式

掌握了科学的呼吸方法，矫正体态后，你已经站在拥有马甲线赛道的起跑线上了。在第3章中，你将了解马甲线修炼的内在逻辑和使马甲线显露的身体基础。通过科学的练习、一步一步地进阶，你会看到梦寐以求的马甲线越来越明显，炫“腹”模式即将开启。

3.1 识别你独有的马甲线，爱上有线条感的自己

要想拥有马甲线，需要先了解我们的马甲线和使马甲线显露的身体基础。

• 爱上自己独一无二的马甲线

在开始腹部雕刻之前，我们先要明确一个事实：腹肌的形态是由遗传因素决定的，无法靠后天训练改变。

也就是说，腹肌的数量是6块还是8块，腹肌的轮廓是否对称，这都是由先天决定的，是不可改变的，我们每一个人都拥有自己独一无二的马甲线。

让我们一起来揭开这独一无二的马甲线的神秘面纱吧！

• 马甲线显露基础

为了使我们独一无二的马甲线显露，很多人一开始就疯狂锻炼腹部，结果却发现，不仅没有练出马甲线，腰反而还变粗了。

你的马甲线没有显露，是因为腹部覆盖着一层厚厚的脂肪，所以降低体脂、减掉覆盖在腹部肌肉上的脂肪是第一步。

• 5个动作快速燃脂

组数	每组次数	间歇时间
3组	90次	30秒

动作① 开合跳

1 双脚并拢站立，核心收紧，目视前方，双手自然垂放。

2 双腿向外跳开，同时在头顶拍掌，膝关节微屈，髋关节自然向外展开，膝盖与脚尖朝向一致。双脚向内跳回并拢，恢复起始姿势，完成规定的次数。

错误示范 跳跃过程中，双臂位于头前，膝盖内扣

动作② 深蹲

组数	每组次数	间歇时间
3组	20次	30秒

1 双腿分开至与肩同宽，脚尖朝前，双腿伸直，臀部收紧，挺胸抬头，目视前方，下颌收紧，双手放体侧。

2 双手放在胸前，屈膝屈髋下蹲，直至大腿与地面平行。

3 快速站起，恢复起始姿势，完成规定的次数。

错误示范　弓腰驼背，身体前倾

动作③ 交叉箭步蹲

组数	每组次数	间歇时间
3组	12次	30秒

1 双腿并拢站立，下颌收紧，腰背挺直，双手扶髋。

2 左腿向前跨一大步，屈膝，大腿与地面平行，小腿垂直于地面，右腿弯曲，大腿与小腿约呈90度。上半身保持直立，核心收紧。

3 恢复起始姿势，练习另一侧，左右两侧各练习6次为一组，完成规定的组数。

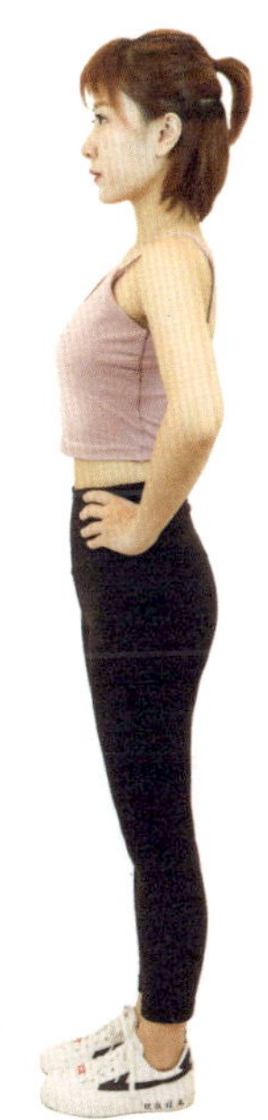

错误示范 弓腰驼背，身体前倾

动作4 熊爬

组数	每组次数	间歇时间
3组	20次	30秒

1 站在瑜伽垫上，双脚分开至与肩同宽，核心收紧，双腿伸直，双脚固定不移位。

2 俯身双手触地，双手从脚边开始向前移动。

3 向前移动到最大限度，移动过程中双腿始终保持伸直。

4 双手往回移动至脚尖，恢复起始姿势，完成规定的次数。

错误示范 塌腰

动作 5 波比跳

组数	每组次数	间歇时间
4组	10次	30秒

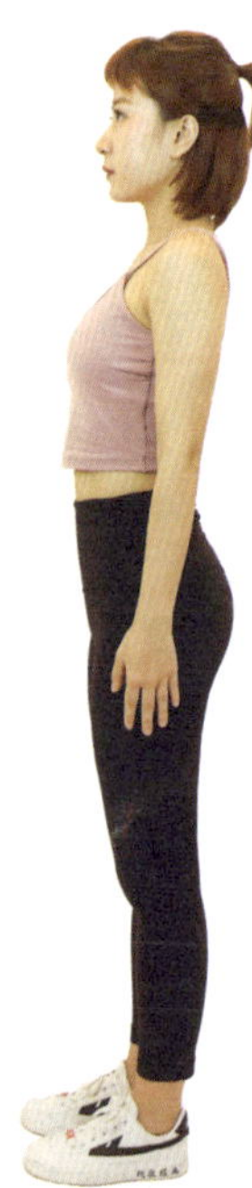

1 站立，双脚分开至与肩同宽，核心收紧，上身挺直，目视前方。

2 快速俯身下蹲，双手撑地。

3 双脚向后跳，直至伸直双腿。

4 屈肘，做一个俯卧撑。

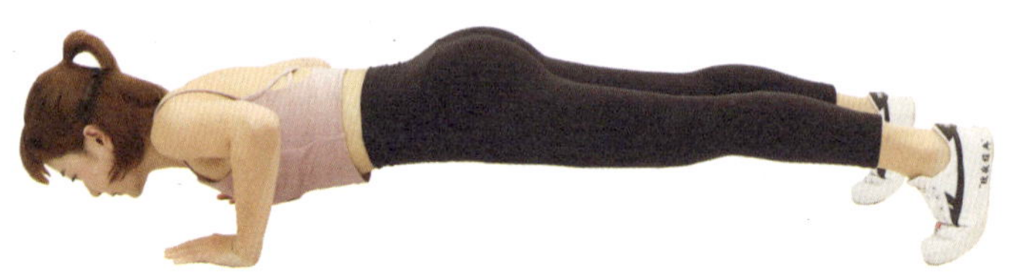

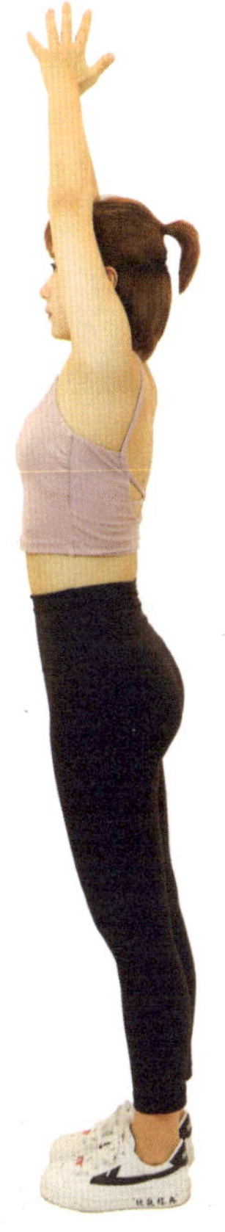

5 双脚向腹部快速移动，回到步骤2的动作后跳跃起身，双手伸直在头顶拍掌。

6 恢复起始姿势，完成规定的次数。

错误示范 塌腰

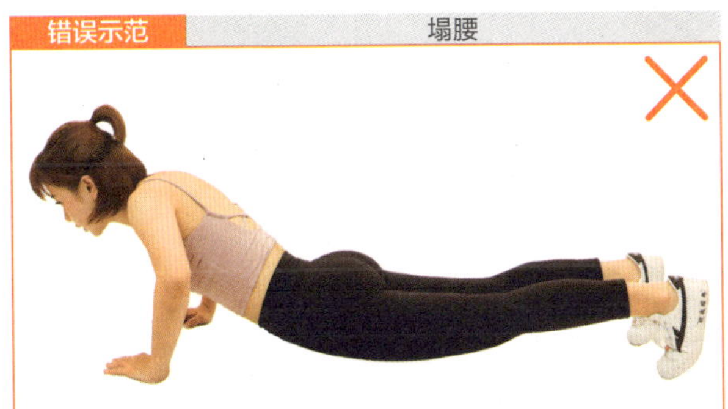

3.2 2招稳定腹部深层肌肉，打下坚实的基础

通过相应的练习，你是不是已经减掉困扰你许久的脂肪了？接下来，我们就学习如何强化腹部深层肌肉，为长久拥有平坦的腹部，打下坚实的基础。

• 什么是腹部深层肌肉

腹部肌肉有腹直肌、腹内斜肌、腹外斜肌、腹横肌和腰方肌，其中，属于腹部深层肌肉的就是腹横肌。腹横肌是一层环状肌肉，它的肌纤维是横向生长的，包裹着腹部。怎么去发现它呢？有一个很好的方法。咳嗽一下，感受到收紧的肌肉就是腹横肌。

腹横肌就像内置于腹部的一条束腹带，只有将其收紧才能为练出马甲线打下坚实的根基。

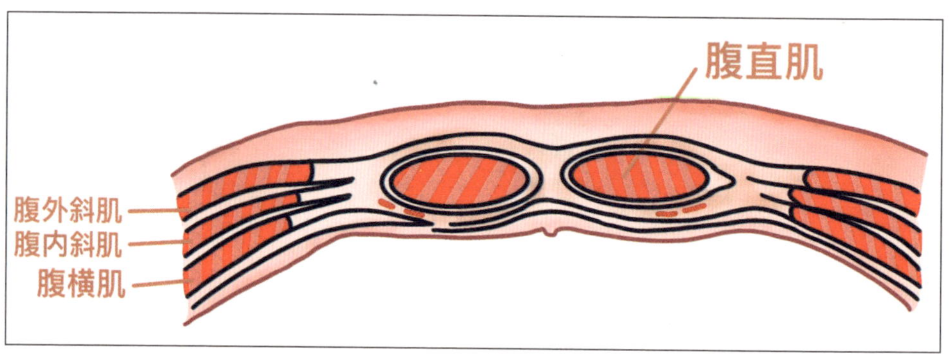

• 收紧腹部深层肌肉

组数	每组次数	间歇时间
3组	5次	5秒

动作① 五指收腹

1 正坐在瑜伽垫上，抬头目视前方，双手放在膝盖上。

2 双手交叉放在腰的两侧，吸气，感受肋骨向两侧扩张。

3 呼气，肚脐往内收，双手自外向内轻压，侧腰向肚脐收紧。重复该动作，完成规定的次数。

错误示范 吸气时耸肩

动作 ② 跪姿收腹法

组数	每组次数	间歇时间
3组	10次	5秒

1 屈膝跪在瑜伽垫上方，双膝分开至与髋同宽，手掌张开撑于地面，核心收紧。

2 呼气时重心向前移动，使髋关节超过膝盖。

3 吸气时重心向后移动，直到臀部贴到脚后跟。恢复起始姿势，完成规定的次数。

错误示范　塌腰

有没有感觉到“内置束缚带”在收紧呢?

3.3 简单4招，精致雕刻上腹部

强化和稳定了腹部的深层肌肉后，我们就可以进行更进一步的腹部精雕了，腹部精雕从我们的上腹肌肉开始。

从人体结构来说，其实没有上下腹部之分，但为了更好地进行训练，让雕刻效果达到极致，在训练的过程中，可以将腹部分为上腹部和下腹部。训练的时候，将重点尽可能放在目标部位上。

• 上腹部肌肉结构图

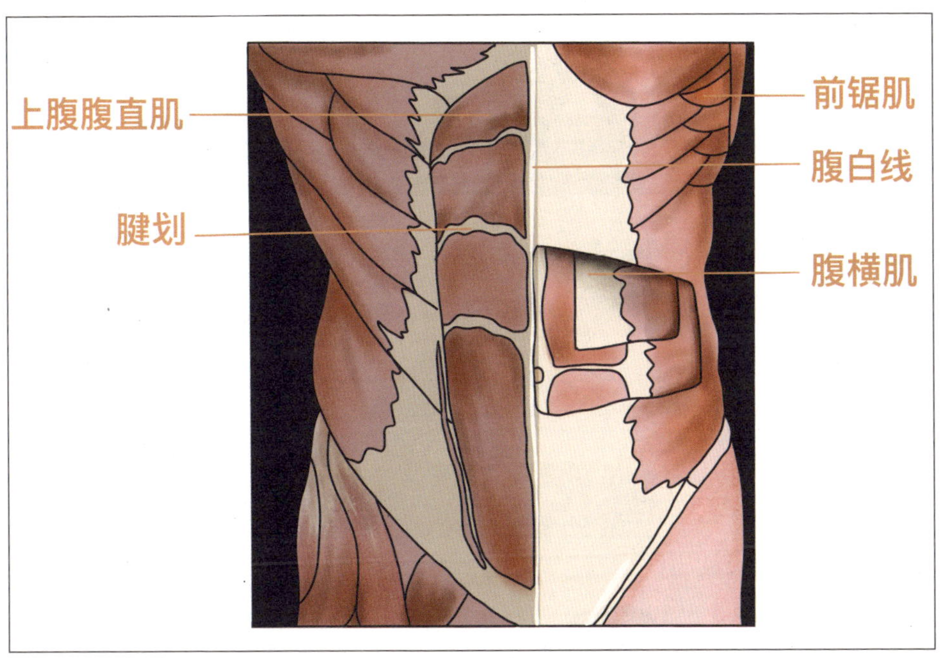

• 雕刻上腹部

初阶动作

动作① 直臂卷腹

组数	每组次数	间歇时间
3组	10次	5秒

1 仰卧在瑜伽垫上，双脚分开至与髋同宽。

2 屈膝，脚底贴着地面固定不动。两臂自然向上伸直。

3 呼气，缓慢抬起上身，头部和上身保持笔直，尽力用手臂触碰膝盖。

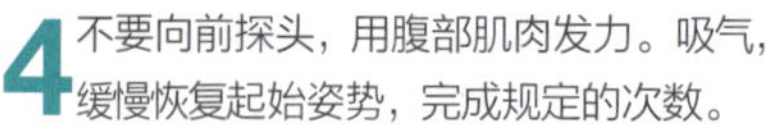

4 不要向前探头，用腹部肌肉发力。吸气，缓慢恢复起始姿势，完成规定的次数。

动作2 站姿提膝收腹

组数	每组次数	间歇时间
3组	30次*	10秒

1 站立，双脚平行并分开至与肩同宽，双手屈肘，手心贴于耳后。

2 呼气，屈膝抬起左腿，同时头部往左转，右手肘关节触左膝。

3 吸气，恢复起始姿势，换对侧练习。左右两侧交替进行练习，完成规定的次数。

错误示范 头发力带动全身动作

* 若左右两侧交替进行练习，则左右两侧都完成一次动作为“每组次数”中所指的一次，全书同。

高阶动作

动作③ 仰卧对角卷腹

组数	每组次数	间歇时间
3组	30次	10秒

1 仰卧在瑜伽垫上，放松双肩。

2 双腿抬离地面约45度。

3 屈肘，手心贴于耳后。抬起上半身，左腿向胸部靠近，右肘触碰左膝，右腿蹬直。

4 换对侧重复相同动作。左右两侧交替进行练习，完成规定的次数。

错误示范　肘关节未碰到膝盖

动作④ 俄罗斯转体

组数	每组次数	间歇时间
3组	30次	5秒

1 坐在瑜伽垫上，核心收紧，屈膝。

2 双脚抬离地面，背微往后靠且保持挺直。

3 上半身和地面呈45度，腹部发力，带动身体向左转。

错误示范 含胸弓背

4 在另一侧重复该动作。左右两侧交替进行练习，完成规定的次数。

3.4 简单5招，精致雕刻下腹部，平坦小腹“炫”出来

学会了4个精雕我们的上腹部肌肉的动作后，接着来学习精雕我们的下腹部肌肉。

• 下腹部肌肉结构图

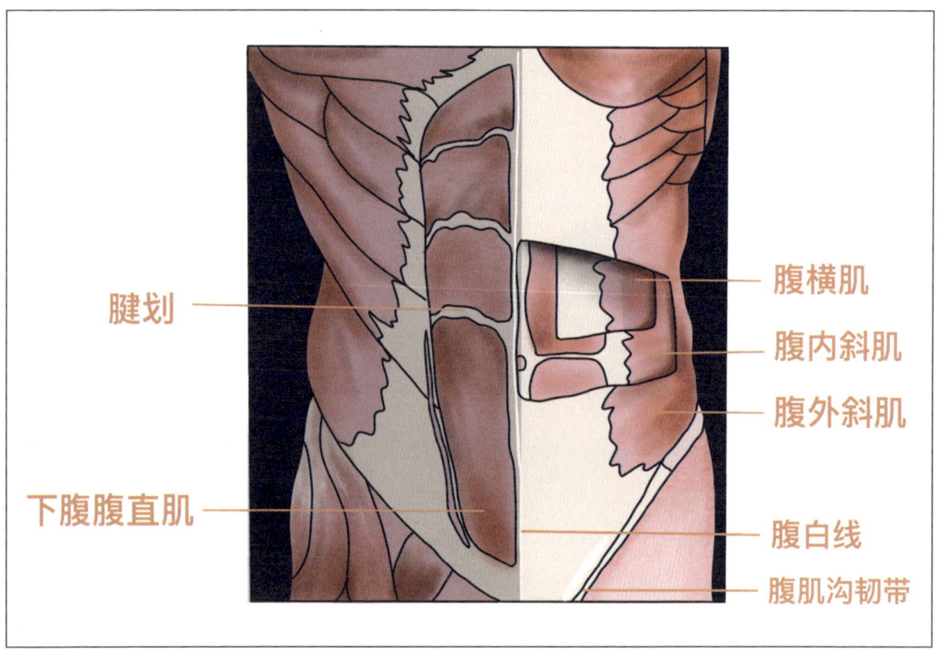

• 雕刻下腹部

初阶动作

组数	每组次数	间歇时间
3组	15次	30秒

动作 1 反向卷腹

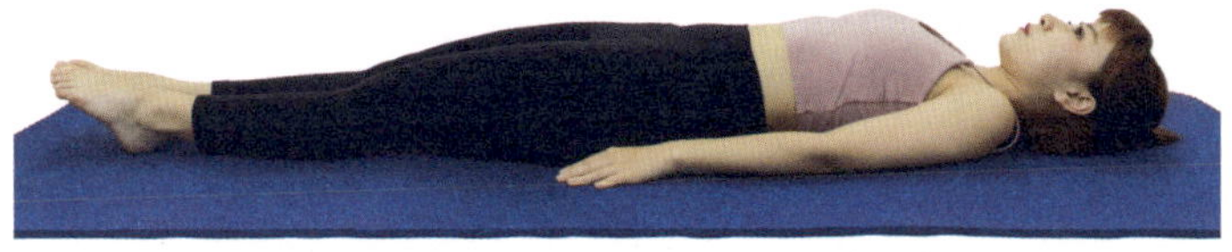

1 仰卧在瑜伽垫或训练凳上，双腿并拢伸直，脚背绷直，双手放在身体两侧或抓住头部后侧的训练凳。

2 屈膝抬腿，收紧腹部，将双腿、臀部、下背部抬高并卷起，双膝自然靠近脸部。尽力将动作做到最大幅度，刻意收缩腹肌。

3 双脚缓慢地放下，直至臀部贴于地面或训练凳，完成规定的次数。

动作 2 剪刀腿

组数	每组次数	间歇时间
3组	20次	30秒

1 仰卧在瑜伽垫上，放松双肩，双手自然放在身体两侧，掌心贴于地面。

2 将双腿抬高与身体垂直，双腿交叉摆动，像剪刀一样开合。左右两侧交替进行练习，完成规定的次数。

错误示范　双腿未与身体垂直

动作3 仰卧抬腿扭转

组数	每组次数	间歇时间
3组	20次	30秒

1 仰卧在瑜伽垫上，双手放在身体两侧，双腿与地面呈90度。

2 抬起臀部，臀部向右侧倾斜，然后慢慢放下双腿。

3 练习另一侧，左右两侧交替进行练习。

4 完成规定的次数。

高阶动作

动作④ 支撑两侧收腹跳

组数	每组次数	间歇时间
3组	15次	30秒

1 双臂撑地与肩同宽，抬起臀部，脚尖着地。

2 双腿并拢，跳向左侧，然后恢复起始姿势。

3 练习另一侧，左右两侧交替进行练习，完成规定的次数。

错误示范 臀部抬起过高

动作 5 俯身登山

组数	每组次数	间歇时间
3组	30次	30秒

1 双手撑在瑜伽垫上，分开至与肩同宽，脚尖着地。

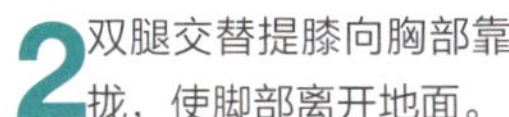

2 双腿交替提膝向胸部靠拢，使脚部离开地面。

3 左右两侧交替进行练习，完成规定的次数。

3.5 简单5招，雕刻侧腰，纤细腰身秀出来

完成对腹部的雕刻，是不是感觉到完美的马甲线正在向你招手？这时，我们需要对侧腰肌肉进行练习，打造出性感的腰部曲线。

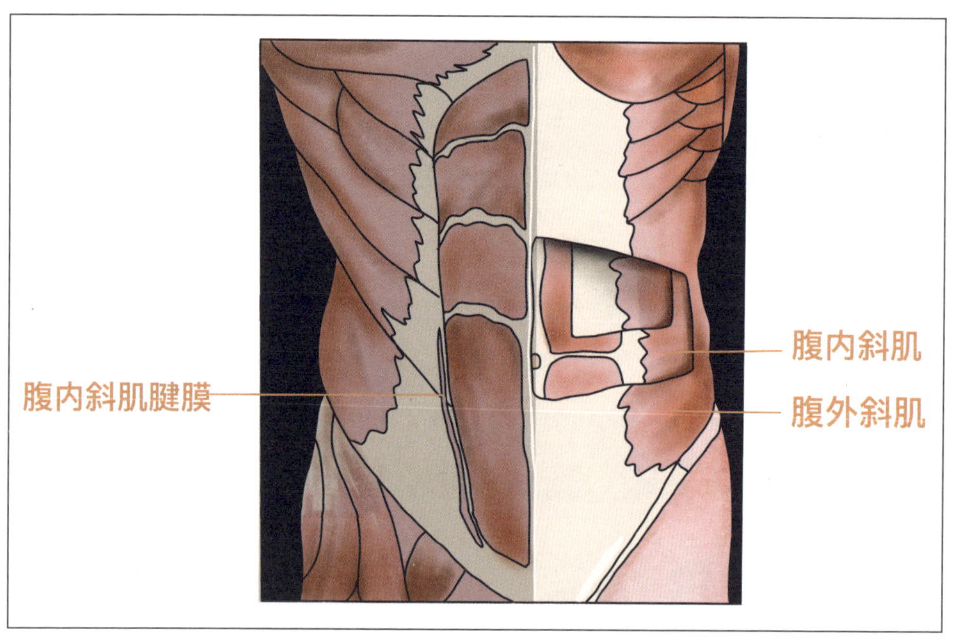

• 雕刻侧腰肌肉

初阶动作

组数	每组次数	间歇时间
3组	15次	30秒

动作 1 手摸脚踝

1 仰卧在瑜伽垫上，双脚分开至与髋同宽，放松双肩，屈膝，双手放在身体两侧。

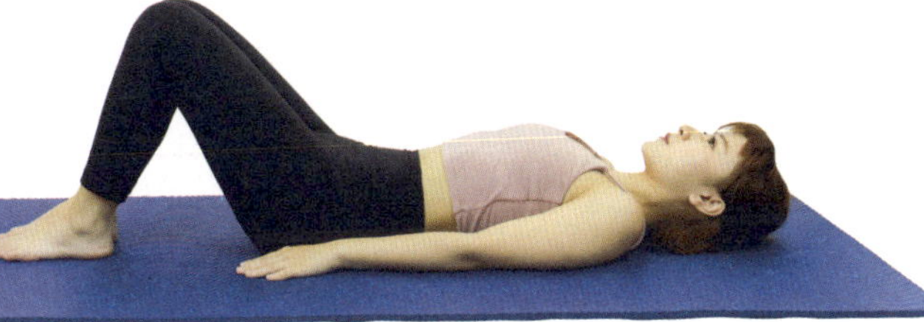

2 用左手触碰左脚踝，收缩侧腰肌肉。

3 恢复起始姿势，练习另一侧。左右两侧交替进行练习，完成规定的次数。

错误示范　向腿部借力

动作② 侧卧卷腹

组数	每组次数	间歇时间
3组	15次	30秒

1 侧卧在瑜伽垫上，右手放于后脑勺处，双腿屈膝。

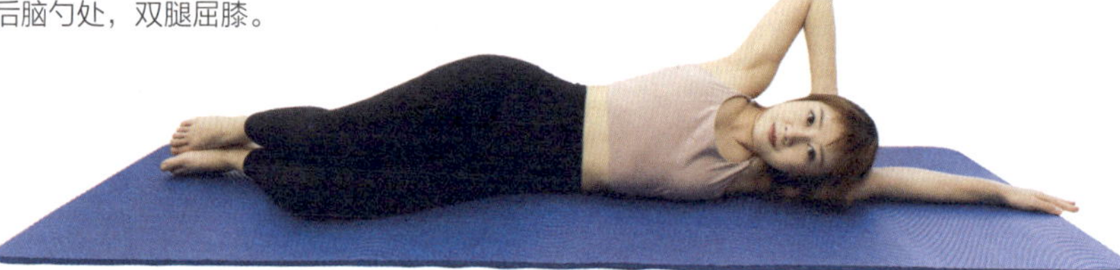

2 用右手肘去尝试碰右膝，完成一侧一组的规定次数后，再练习另一侧，直至完成规定的组数。

错误示范 向腿部借力，头用力

动作3 平板扭臀

组数	每组次数	间歇时间
3组	15次	30秒

1 面向瑜伽垫，用两手肘和脚尖支撑身体，两手肘打开至与肩同宽，核心收紧，保持背、腰、臀在一条直线上。

2 臀部向左侧倾斜，恢复起始姿势。

3 练习另一侧，左右两侧交替进行练习，完成规定的次数。

错误示范 臀部抬起过高

错误示范 塌腰

高阶动作

动作 4 侧躺提腰

组数	每组次数	间歇时间
3组	15次	30秒

1 侧躺在瑜伽垫上，用肘关节撑地，双腿重叠并伸直，身体在一个平面中。

2 利用腹斜肌的力量，将身体抬起来，完成一侧一组的规定次数后，再练习另一侧，直至完成规定的组数。

错误示范　耸肩，向肩部借力

动作5 侧卧V字起

组数	每组次数	间歇时间
3组	15次	5秒

1 侧躺在瑜伽垫上，一只手放于地面，另一只手放于耳后。

2 用放于地面的手臂支撑起上半身，同时抬起双腿，身体形成V字形。完成一侧一组的规定次数后，再练习另一侧，直至完成规定的组数。

错误示范 腿向前伸

3.6 简单5招，抚平腹部，让马甲线更清晰

通过精雕我们的腹部以及侧腰，你能够明显地感觉到腹部肌肉形态正趋于完美，这个时候，需要巩固我们的马甲线。巩固成果，让马甲线更加清晰。

毕竟到了夏天时，设计师早已为我们准备好各种低腰裤、露脐装。这个时候，我们需要对自己要求高一点，使腰腹部的线条明显一点，肉眼可见的紧致才更性感好看。

在训练方面，我们需要对腰腹训练升级，尝试挑战更多综合性质的腰腹动作。通过学习这一节，相信你会自信地开启你的炫腹模式。

• 腰腹整体训练动作

初阶动作

动作 1 平板支撑跳跃

组数	每组次数	间歇时间
3组	30次	30秒

1 面向瑜伽垫，用手肘和脚尖支撑身体，两手肘打开至与肩同宽，保持背、腰、臀在一条直线上。

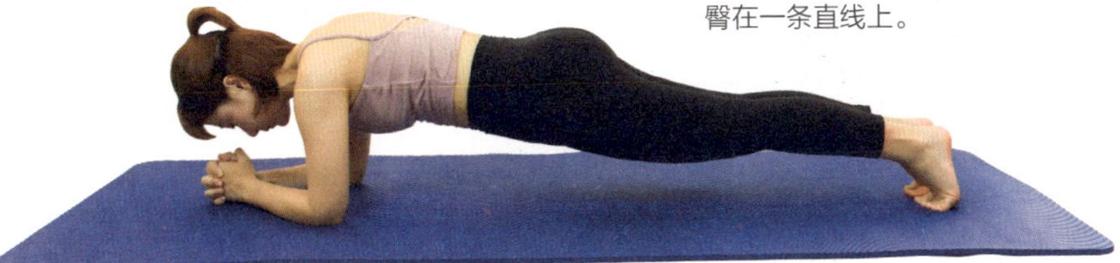

2 双脚往两侧分开跳。恢复起始姿势，完成规定的次数。

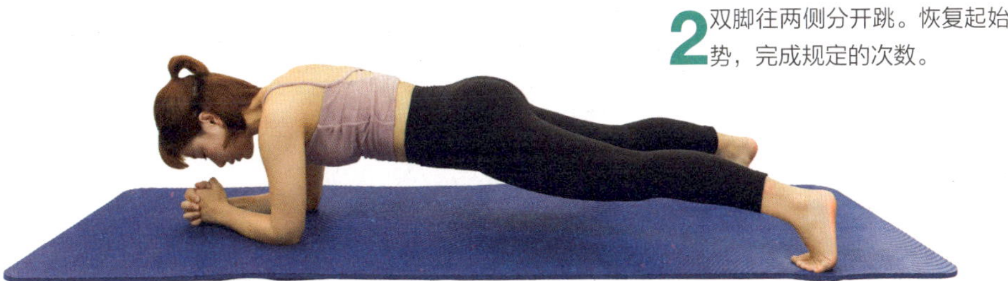

错误示范 臀部抬起过高

错误示范 塌腰

动作② 屈膝收腹

组数	每组次数	间歇时间
3组	15次	30秒

1 坐在瑜伽垫上，屈膝，双手支撑身体，上半身向后倾斜。

2 屈膝收腹，使大腿靠近腹部。

3 伸直双腿，脚不要触碰地面。然后再次屈膝收腹，完成规定的次数。

错误示范 耸肩拱背

动作 3 侧平板身体扭转

组数	每组次数	间歇时间
3组	15次	30秒

1 右手手肘撑地，左手放于耳后，收紧核心，抬起身体。

2 置于耳后的手肘向地面移动，移至手肘最大限度接近地面，完成一侧一组的规定次数后，再练习另一侧，直至完成规定的组数。

错误示范 腿部弯曲

高阶动作

动作4 动态平板

组数	每组次数	间歇时间
3组	15次	30秒

1 身体挺直，面朝瑜伽垫，双手撑地且分开至与肩同宽，核心收紧，臀部夹紧，使背、腰、臀在一条直线上。

2 依次弯曲左右手肘，变为手肘撑地。恢复起始姿势，重复进行练习，完成规定的次数。

错误示范　塌腰

动作⑤ 提臀平板支撑

组数	每组次数	间歇时间
3组	15次	30秒

1 面朝瑜伽垫，用小臂和脚尖支撑身体，臀部高高地抬起，躯干与双腿呈90度。

2 身体向前移动，直至身体与地面平行。重复进行练习，完成规定的次数。

错误示范　塌腰

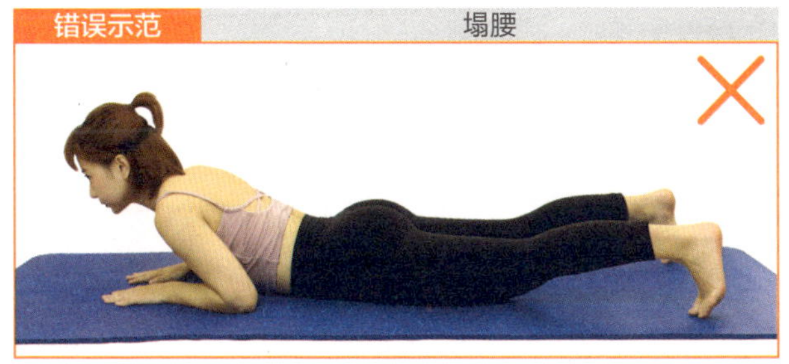

3.7 7日腹部减脂运动计划指南

相信大家已经对腰腹训练有了一定的了解，那在往后的生活中，我们该如何制订腹部减脂运动计划呢？接下来教大家制订一个为期7日的腹部减脂运动计划。

• 腹部减脂运动计划的关键点

• 想要马甲线显露出来，一定要减脂

你的腹部肌肉藏在你厚厚的脂肪下，想要马甲线显露，需要减掉腹部多余的脂肪。

• 可每日训练

很多动作都需要用到腰腹，利用碎片时间进行练习，就能拥有具有线条感的腰腹。

• 动作不在于多，而在于精

运动计划中的动作不在于数量多，而在于精。练习时，把握动作要点，尽可能让自己把每一个动作都做准确。这样做的好处，一是让自己不会受伤，二是将训练效果最大化。

• 记录式练习

记录下自己的变化，从初阶到高阶，看到自己一点一滴的变化，你会对自己腰腹部形态变好这件事，更加有信心。

• 7日腹部减脂运动计划的不同版本

初阶版本

1. 熊爬
2. 直臂卷腹
3. 反向卷腹
4. 剪刀腿
5. 侧卧卷腹
6. 平板支撑跳跃
7. 侧平板身体扭转

高阶版本

1. 波比跳
2. 仰卧对角卷腹
3. 支撑两侧收腹跳
4. 俯身登山
5. 侧躺提腰
6. 动态平板
7. 提臀平板支撑

行动清单：记录你的雕刻计划进展

别忘了记录你每天瘦腹的点滴，把 7 日计划的进展给记录下来，坚持才能有所收获！

	挑战动作	运动后感受
第 1 天		
第 2 天		
第 3 天		
第 4 天		
第 5 天		
第 6 天		
第 7 天		
总结		

第4章

腰腹瑜伽

养成良好习惯，让平坦腹部更持久

学习了如何雕刻我们的腰腹部之后，你已经有了使马甲线显露的基础了。本章将教会你5个经典的瑜伽体式。若在练习时配以良好的生活习惯和饮食习惯，你平坦的腹部将更持久。

4.1 养成这2个好习惯，肠胃更轻松

不良的日常生活习惯和饮食习惯会增加肠胃的负担，并导致肠胃不适，如腹胀、便秘和消化不良，甚至引发肠胃疾病。所以在日常生活中，一定要养成良好的习惯，预防疾病的发生。

生活习惯

我们的肠胃也是有“作息时间表”的，长期不规律的生活作息，会增加肠胃的负担，因此要养成规律的作息。

给大家一个用作参考的作息时间表。

- 6点左右起床

早上6点左右，我们的肠道处于一天中最活跃的时段，这时候起床喝杯温开水，能够促进血液循环及肠胃的蠕动和消化。

- 6点半左右开始晨练

洗漱完毕进行半小时晨练，能增强体质，让我们体力充沛，一天都能元气满满。

- 7~8点吃早餐

完成半小时晨练后吃早餐，补充身体消耗的热量和一天所需的营养。

- 11点半~12点半吃午餐

一上午的工作消耗了体能，需要吃午餐来及时补充能量。午餐在一天的体力补充中起到承上启下的作用。

- 13~14点午休

一个小时的午休能缓解工作压力，放松身体和消除精神疲劳，还能有效地减少冠心病的发生。

- 18点半~19点半吃晚餐

晚餐是一天中最后的一餐，跟下一次进食间隔的时间最长。晚餐能补充下午消耗的体能，维持身体睡眠时所需的营养。

- 20~21点活动

晚餐过后可以进行温和的运动，如散步、瑜伽等活动，以帮助消化、燃脂健身。

- 22点半开始休息

这时候睡眠可以让大脑得到充分的休息，并且可以让体内其他的器官，如心脏、肝脏、肾脏等都得到休息，有利于身体代谢。

饮食习惯

不要暴饮暴食，要细嚼慢咽，放慢进食速度。一般来说，吃饭时的状态分为4个阶段，饿了、不饿、饱了、吃多了，当你进入饱了的阶段时，就可以放下手中的筷子了。

不在进食后立即睡觉。饭后立即入睡，不但会导致肥胖还容易引起消化不良。

饮食偏清淡，少油少盐少糖，避免吃过于油腻的食物，少吃腌制食品，糖分含量高的食物也不可多吃，饮食以营养均衡为前提。

4.2 经典瑜伽体式，助你维持平坦小腹

养成了良好的、规律的生活和饮食习惯之后，还可以配合瑜伽来练习。研究表明，练瑜伽能提高身体的灵活性，缓解心理压力。常练以下5个瑜伽体式，有助于身体代谢。

体式 1 摩天式

组数	每组次数	间歇时间
2组	6次	5秒

1 身体直立，双脚分开至与肩同宽，脚趾指向正前方。

2 吸气，将双手从体侧向上伸展，直至双手掌在头顶交握。继续吸气，一边慢慢踮起脚尖一边伸展脊柱，收紧腹部、背部、腿部肌肉，重心前移，用脚趾支撑身体。

3 呼气，重心后移，放下脚跟，同时，放下手臂，恢复起始姿势。完成规定的次数。

错误示范 弓背

体式② 风吹树式

组数	每组次数	间歇时间
3组	12次	5秒

1 站立，双脚分开至与髋同宽，眼睛直视前方。

2 吸气，双手伸直高举过头，双手合拢，掌心相对，手臂分别贴于两侧耳朵。

3 呼气，身体向右向下弯曲。

4 再次吸气：感受胸腔打开并向上扩张提升，身体缓慢地回正，恢复起始姿势。反向进行练习，左右两侧交替进行练习，完成规定的次数。

错误示范　含胸，身体前倾

体式 3 绕圈式

组数	每组圈数	间歇时间
2组	12圈	10秒

1 仰卧在瑜伽垫上，双腿伸直，双手放在小腹两侧，指尖向前伸展。

2 抬起左腿，一边吸气一边朝左划一个圆圈，从髋关节开始转动。

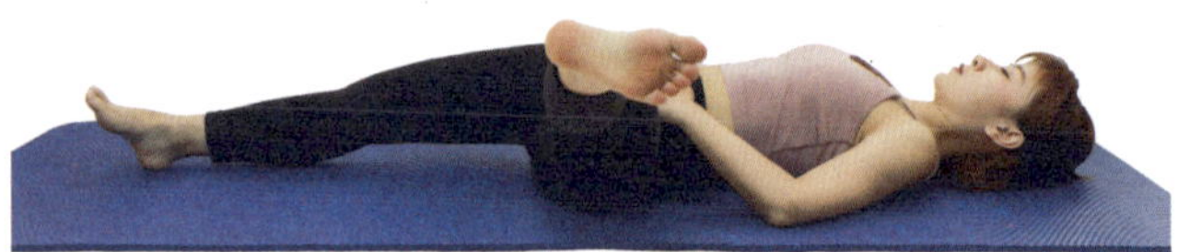

3 一圈结束的时候呼气。共画6圈，然后恢复起始姿势。

4 练习另一侧，左右两侧各画6圈为一组，完成规定的组数。

错误示范 交叉腿

体式4 蛇式扭转

组数	每组次数	间歇时间
2组	8次	1分钟

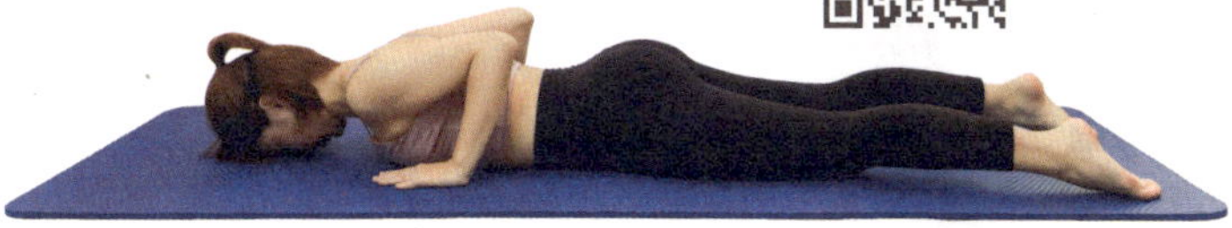

1 俯卧在瑜伽垫上方，上额触地，两脚自然分开，手掌贴于胸部两侧的瑜伽垫。

2 吸气，双手撑地，胸腔打开，脊柱向上伸展，目视前方。

3 呼气，将头、颈、肩部向左后方扭转到最大限度，眼睛看向左脚跟。

4 吸气，将头、颈、肩部转恢复中间。呼气，练习另一侧。左右两侧交替进行练习，完成规定的次数。

错误示范 耸肩

体式 5 腹部按摩式

组数	每组次数	间歇时间
2组	6次	1分钟

1 脚尖撑地，双掌扶膝关节上部，腰背挺直，蹲坐。

2 左膝着地，右腿竖起。

3 呼气，躯干尽量向右扭转，眼睛看向后侧，带动颈椎进行扭转。吸气，躯干回转至朝向正前方。

4 呼气，躯干尽量向左扭转，眼睛看向后侧，带动颈椎进行扭转。吸气，躯干回转至朝向正前方。左右两侧交替进行练习，完成规定的次数。

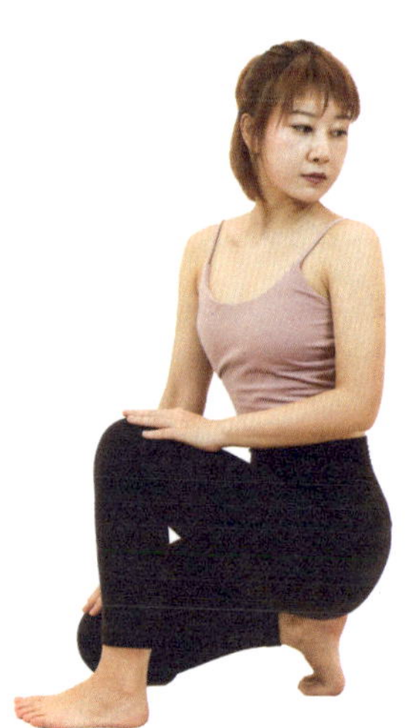

错误示范　弓背含胸

行动清单：记录你的腰腹瑜伽练习清单

养成良好的作息和饮食习惯，并配合 5 个瑜伽体式，让平坦腹部更持久。记得把你练习的过程与作息和进食状态记录下来哦！

	作息状态	进食状态	体式练习
第 1 天	☐ ☐ ☐ ☐ ☐	饱 ☐ 正常 ☐ 饿 ☐	摩天式 ☐ 风吹树式 ☐ 绕圈式 ☐ 蛇式扭转 ☐ 腹部式按摩 ☐
第 2 天	☐ ☐ ☐ ☐ ☐	饱 ☐ 正常 ☐ 饿 ☐	摩天式 ☐ 风吹树式 ☐ 绕圈式 ☐ 蛇式扭转 ☐ 腹部式按摩 ☐
第 3 天	☐ ☐ ☐ ☐ ☐	饱 ☐ 正常 ☐ 饿 ☐	摩天式 ☐ 风吹树式 ☐ 绕圈式 ☐ 蛇式扭转 ☐ 腹部式按摩 ☐
第 4 天	☐ ☐ ☐ ☐ ☐	饱 ☐ 正常 ☐ 饿 ☐	摩天式 ☐ 风吹树式 ☐ 绕圈式 ☐ 蛇式扭转 ☐ 腹部式按摩 ☐
第 5 天	☐ ☐ ☐ ☐ ☐	饱 ☐ 正常 ☐ 饿 ☐	摩天式 ☐ 风吹树式 ☐ 绕圈式 ☐ 蛇式扭转 ☐ 腹部式按摩 ☐
第 6 天	☐ ☐ ☐ ☐ ☐	饱 ☐ 正常 ☐ 饿 ☐	摩天式 ☐ 风吹树式 ☐ 绕圈式 ☐ 蛇式扭转 ☐ 腹部式按摩 ☐
第 7 天	☐ ☐ ☐ ☐ ☐	饱 ☐ 正常 ☐ 饿 ☐	摩天式 ☐ 风吹树式 ☐ 绕圈式 ☐ 蛇式扭转 ☐ 腹部式按摩 ☐

第5章

极简瘦腰

办公人士轻松练出性感腰腹

锻炼不是非要在家里或健身房进行，办公室里一样能进行锻炼。本章特别适合职场繁忙人士高效瘦腰，提升自己的职业形象。同时，在训练的过程中，你会感受到运动带来的快乐，缓解你的工作带来的压力，还能提升工作效率。

5.1 找到合适的“工具”，随时都能锻炼

不是只有在家或者健身房才能进行锻炼，在办公室里同样可以开启瘦腰模式。

• 随时都能用的“工具”有哪些

只要你发挥想象力，办公桌、办公椅、工牌、门框等在办公室常见的物品都可以为你所用，成为你的锻炼“工具”。

工具用得好，在哪都能练出迷人的腰腹。不要再为自己没有场地、没有时间找借口了，随时随地，我们都可以进行训练。

利用上班的闲散时间，用好办公环境的瘦身工具进行锻炼，是一个收获良好身心状态的绝佳选择。你准备好了吗？下面提供的4个动作将帮助你增强力量，改善含胸弓背的不良体态。

动作1 办公椅：椅上俯卧撑

组数	每组次数	间歇时间
2组	10次	1分钟

这个动作可以很好地锻炼腹部和胸部，利用碎片时间就可以进行练习。

1 椅前站立，与椅子的距离约为自身身高的一半，双脚并拢，身体挺直，目视前方。

2 身体前倾，双手分开至与肩同宽，撑于椅上，支撑身体。

3 下屈肘，然后回到步骤2的姿势，完成规定的次数。

动作② 办公椅：椅子屈臂伸

组数	每组次数	间歇时间
2组	20次	1分钟

这个动作可以很好地消除你手臂上的拜拜肉。

1 双脚平行并分开至与肩同宽，身体背向椅子，双脚与椅子保持一步的距离，手肘撑于椅子两侧。

2 屈肘身体下降，动作要缓慢。双臂用力，恢复起始姿势。重复该动作，完成规定的次数。

错误示范　双肘向外打开

动作③ 工牌：工牌舞

组数	每组次数	间歇时间
2组	20次	30秒

这个动作可以加强背部力量，改善含胸弓背的不良体态。

1 双脚分开至与肩同宽站立（也可采用坐姿），双手拿住工牌绳子两端，目视前方。

2 吸气时双手向上举过头顶，伸直双臂，呼气时双臂向下直至工牌位于脑后，与后脑勺齐高。

3 重复该动作，完成规定的次数。

错误示范　耸肩

动作 4 门框胸肌拉伸

组数	每组次数	间歇时间
3组	15次	5秒

这个动作可以很好地拉伸胸肌，改善含胸的不良体态。

站在门框旁，用双手前臂抵住门框，左右腿分开站立，保持背部挺直。缓慢向前移动身体拉伸胸部肌肉，每次拉伸15秒，完成规定的次数。

5.2 5个动作，练出玲珑身段

在办公室里，还可使用椅子这一常见的物品瘦腰腹。

动作 1 屈肘抬膝

组数	每组次数	间歇时间
2组	20次	30秒

这个动作可以很好地刺激腹内斜肌和腹外斜肌，让你的曲线更加完美。

错误示范 耸肩

1 正坐在椅子上，双脚分开至与肩同宽，背挺直。

2 左手自然放在身侧，右手放在耳后。

3 右肘向左胸靠近，同时左腿抬起，膝盖与右肘相触，做10次。

4 换另一侧，重复相同动作，左右两侧各进行一次训练为一组，完成规定的组数。

动作② 左右摇摆

组数	每组次数	间歇时间
2组	24次	30秒

这个动作可以很好地拉伸侧腰，缓解久坐的疲劳。

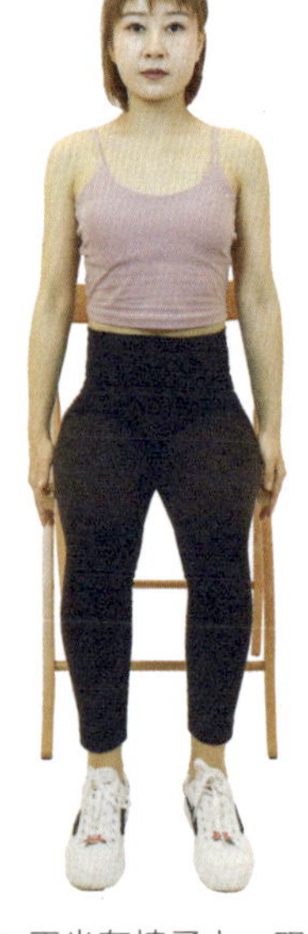

1 正坐在椅子上，双脚分开至与肩同宽，背挺直。

2 双手过顶上举，手臂伸直，作拥抱太阳状，上身以最大幅度向左侧倾斜然后回正，重复12次。

3 反向进行练习，左右两侧各进行一次训练为一组，完成规定的组数。

动作3 抬腿画圈

组数	每组圈数	间歇时间
2组	30圈	30秒

这个动作可以很好地锻炼下腹部肌肉和髂腰肌。

1 正坐在椅子上，双脚分开至与肩同宽，双手扶椅，背挺直，目视前方。

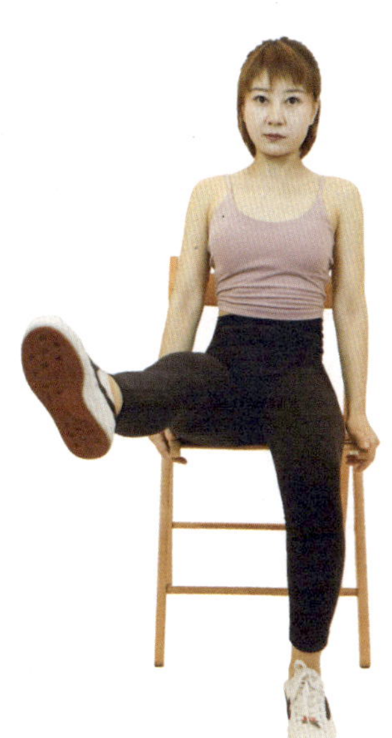

2 右腿伸直，顺时针画15圈。

错误示范 小腿动，大腿未动

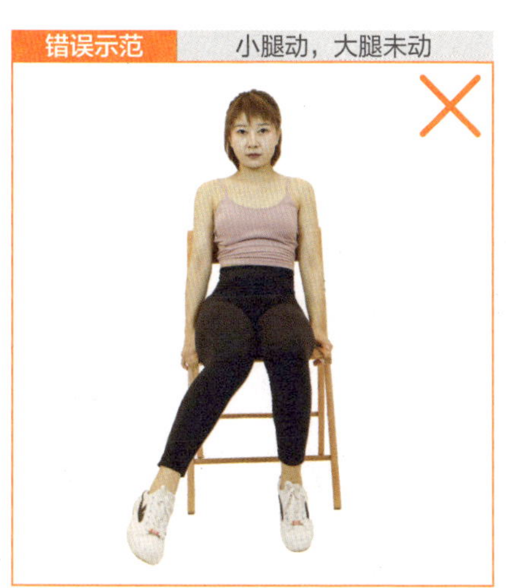

3 再逆时针画15圈。练习另一侧，左右两侧各进行一次训练为一组，完成规定的组数。

动作 4 屈膝抬腿

组数	每组次数	间歇时间
2组	15次	30秒

这个动作可以很好地锻炼腹直肌。

1 正坐在椅子上，双脚并拢，脚尖着地，双手抓凳，腰背挺直。

2 保持上身不动，屈膝抬腿，使膝关节尽量向胸部靠拢。恢复起始姿势，完成规定的次数。

错误示范　弓背

动作 5 坐姿正踢

这个动作可以很好地锻炼腹部肌肉。

组数	每组次数	间歇时间
2组	30次	30秒

1 正坐在椅子上，双脚并拢，双手抓凳，腰背挺直。

2 保持上身不动，右腿伸直，向上抬，抬至最高时停留5秒，做15次。恢复起始姿势，练习另一侧，左右两侧各进行一次训练为一组，完成规定的组数。

错误示范 小腿动，大腿未动

5.3 走路瘦腰，练出小腰围

不止坐着能瘦，走路一样能瘦哦。空闲走一走，腰腹消消瘦。

• 走路中的“小心机”——呼吸配合

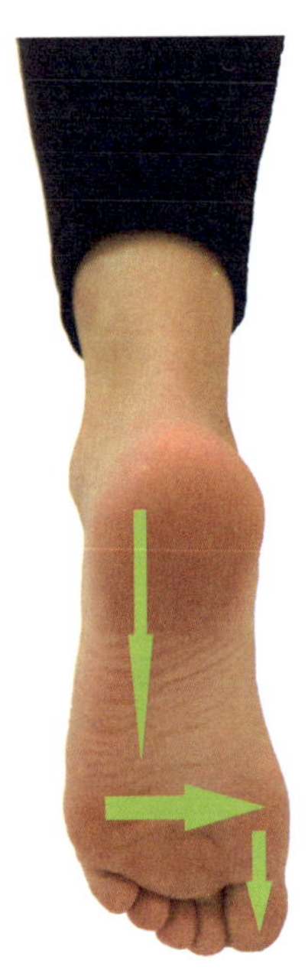

1 走路时，上身挺直，目视前方，身体拔高，头好像被一根绳子拉着，挺胸、收腹、收下巴，双手自然垂放于身体两侧。

2 重心沿每只脚的脚跟、脚掌和脚尖依次移动，3个着地点都必须明明确确地感受到重心的移动。

3 右脚跨出时，深深吸气，然后，将身体重心从右脚移至左脚，跨出左脚，深深吐气。

4 如此反复。

• 走路中的“小心机”——大跨步

1 大跨步比平常正常走路时跨步的幅度大、频率快。

2 大小臂约呈90度，带动腰扭动。双脚不能同时离地。

行动清单：写下你的办公室瘦腰计划

	动作类型	组 / 次 / 时长
第 1 天		
第 2 天		
第 3 天		
第 4 天		
第 5 天		
第 6 天		
第 7 天		

上面的方法和动作有没有给你启发呢？记录下来，一周里你都练习了哪些动作。

	动作练习	启发
第 1 天		
第 2 天		
第 3 天		
第 4 天		
第 5 天		
第 6 天		
第 7 天		

第6章

保养腰椎

腰好，你也好

在日常生活中，不良的姿势容易导致腰肌劳损，让你不能久坐久站。本章将讲解如何识别腰肌劳损，并且提供4个预防腰肌劳损的练习及3个保护腰椎的诀窍，让你远离腰部疼痛。

6.1 找出造成腰肌劳损的元凶，好习惯助你拥有好腰

迷人的腰腹是建立在腰腹健康的基础上的。

腰肌劳损在日常生活中较常见，如果你出现了以下4个症状，需要加以重视：

- 如果你稍微弯腰做一会儿事情，即使是洗一会儿碗，就感到腰部酸痛或胀痛，但腰外部无异常
- 劳动时腰部疼痛加重，休息时腰部疼痛减轻；稍微活动或改变体位时腰部疼痛减轻，活动过度腰部疼痛又会加重
- 不能长时间弯腰工作。常被迫不时伸腰或按摩腰部以缓解疼痛
- 按压腰部时，局部有明显的疼痛感

一个动作识别腰肌劳损

腰肌劳损除了通过症状识别，也可以用动作识别。用手掌做一个测试。

靠墙站立，肩部和骶部紧贴墙面，观察腰部和墙面的距离。如果距离大于一个手掌的厚度，表明你很有可能有腰肌劳损；如果距离小于或等于一个手掌的厚度，一般表明你的腰肌正常。

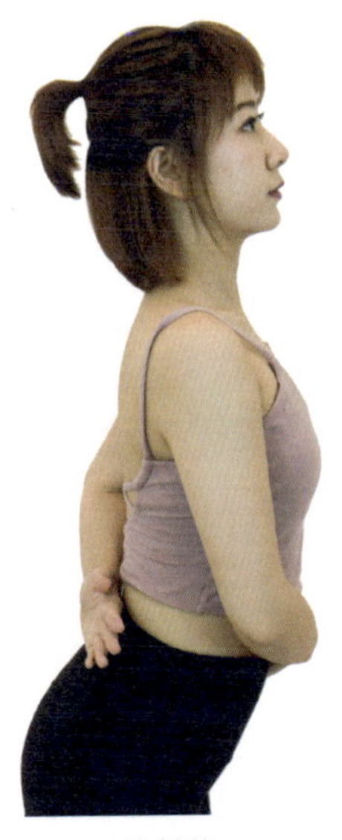

有问题

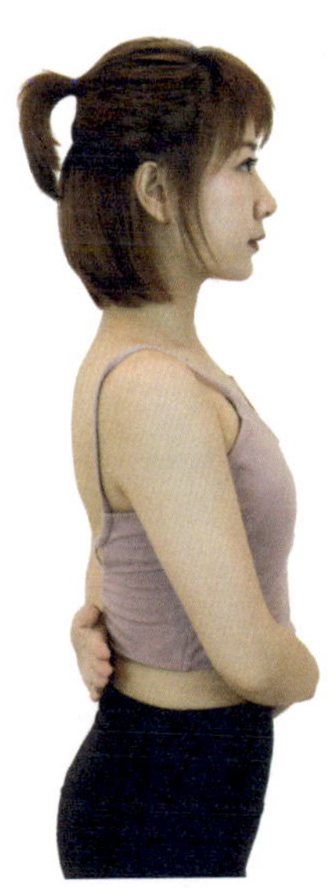

正常

• 3个可能导致腰肌劳损的因素

• 积累性损伤

以不正确姿势进行久坐、久站或经常搬抬重物等，会导致腰骶部肌肉长时间处于高张力牵伸状态。腰肌受力大而频繁，腰肌组织会出现纤维断裂损伤，损伤修复后，局部会出现反应性炎症，导致腰部疼痛。

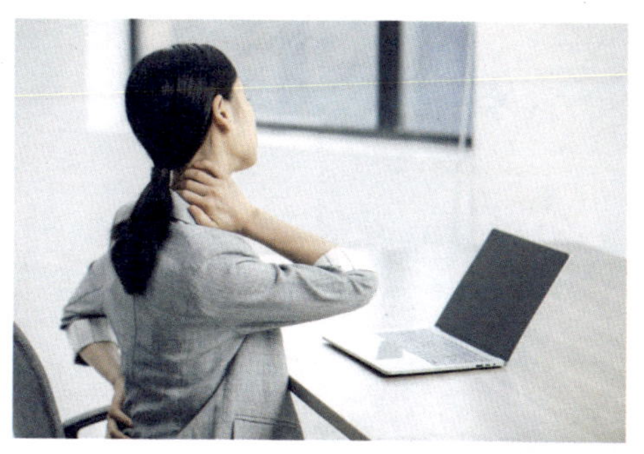
久坐

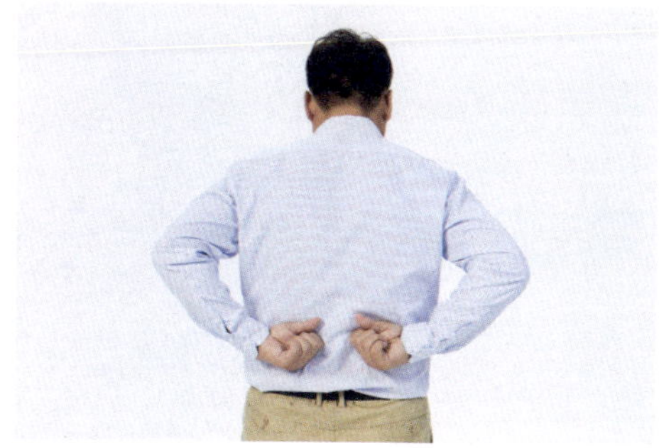
久站

• 体弱、内脏病变、孕妇妊娠后期

体弱、内脏病变也会使腰背部肌肉应激能力下降，产生疼痛；妊娠后期腰部负重增加也容易导致腰肌劳损。

体弱

怀孕

- **急性腰扭伤治疗不当**

急性腰扭伤治疗不彻底，使得损伤的肌肉筋膜未完全修复，导致腰部功能减弱，出现疼痛，并且经常感到腰部无力。

经常搬重物

6.2 4招叫停"腰肌劳损"，练出活力腰

知道了怎么辨别腰肌劳损和腰肌劳损产生的原因，我们可以进行针对性的练习，叫停"腰肌劳损"。

动作 1 前探后伸式

组数	每组时间	间歇时间
10组	20秒	5秒

1 屈膝跪在瑜伽垫上，双手分开至与肩同宽，五指张开撑于地面。

2 伸出右手，向前伸展，同时抬高左腿，向后伸展，保持10秒。

3 恢复起始姿势，练习另一侧，左右两侧各进行一次训练为一组，完成规定的组数。

错误示范 塌腰且腹部没有收紧

动作② 抱膝贴胸式

组数	每组时间	间歇时间
5组	20秒	5秒

1 仰卧在瑜伽垫上，双肩放松。

2 抬高左腿，双手抱膝，用力使膝盖贴近胸部，保持10秒。

3 恢复起始姿势，练习另一侧，左右两侧各进行一次训练为一组，完成规定的组数。

错误示范 腿抬起不到位

动作3 侧卧扭转

组数	每组时间	间歇时间
3组	20秒	2秒

1 仰卧在瑜伽垫上，屈膝，双脚并拢，双肩放松。

2 脊柱扭转带动双膝倒向左侧，眼睛看向右侧，保持10秒。

3 恢复起始姿势，练习另一侧，左右两侧各进行一次训练为一组，完成规定的组数。

错误示范 身体扭转

动作④ 新月式

组数	每组时间	间歇时间
3组	20秒	5秒

1 站立，双脚平行且分开至与肩同宽，双手叉腰，目视前方。

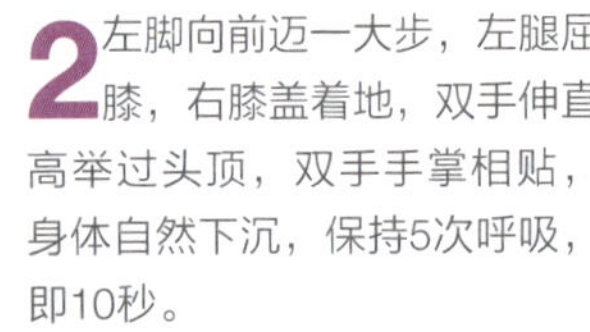

2 左脚向前迈一大步，左腿屈膝，右膝盖着地，双手伸直高举过头顶，双手手掌相贴，身体自然下沉，保持5次呼吸，即10秒。

3 恢复起始姿势，练习另一侧，左右两侧各进行一次训练为一组，完成规定的组数。

6.3 3个腰椎保养诀窍，轻松预防腰肌劳损

知道腰椎健康的重要性，不让腰肌劳损发生，在日常生活中也要学会如何预防腰肌劳损、保养腰椎。

• 第1个技巧：姿势正确

注意日常站立、坐下、搬重物时的姿势是否正确。

• 第2个技巧：保养法

遵守“八不守则”：不久坐，不久站，不负重，不长时间弯腰，不长时间抱小孩，不长时间穿高跟鞋，不劳累，不要让腰部着凉。

• 第3个技巧：运动

定期进行腰腹训练，提升腰腹力量。

行动清单：写下保养腰椎计划

根据前文讲解的预防腰肌劳损和保养腰椎的方法，以及 3 个练习动作，写下你的行动清单，记录每一天练习的动作以及练习后的感受。

	练习后腰部感受	备 注
第 1 天	☺□ ☺□ ☺□ ☺□ ☺□	
第 2 天	☺□ ☺□ ☺□ ☺□ ☺□	
第 3 天	☺□ ☺□ ☺□ ☺□ ☺□	
第 X 天	☺□ ☺□ ☺□ ☺□ ☺□	

作者简介

美猫

美联瑜伽RYT200认证导师

FTN体形管理专家

国际认证营养导师

多款瘦身课程导师

今日头条年度新锐创作者获奖者

从120斤瘦到90斤的健身达人

共带领10000+线上线下学员，蜕变成功

“妈妈点赞”系列图书

《王霄老师的5堂幸福课》

《活出精彩 妈妈的职业规划应该这样做》

《不急不吼 轻松养出好孩子》

《不急不乱 轻松养育多孩》

《不急不躁 用游戏提升儿童学习力》

《不急不催 轻松让孩子学会时间管理》

《亲子沟通密码》

《亲子折叠笔记》

《小七老师育儿说》

《你是孩子的光》

《孩子一学就会的黄金口才课》

《因为是女孩，更要补上这一课》

《因为是男孩，更要补上这一课》